तुम अपनी नफरतें मुझे दे दो

देव बिहारी शर्मा

BlueRose ONE.com
Stories Matter
NewDelhi • London

BLUEROSE PUBLISHERS
India | UAKA

Copyright © Deo Bihari Sharma 2025

All rights reserved by authorA No part of this publication may be reproduced, stored in a retrieval system or transmitted in any form or by any means, electronic, mechanical, photocopying, recording or otherwise, without the prior permission of the authorA Although every precaution has been taken to verify the accuracy of the information contained herein, the publisher assumes no responsibility for any errors or omissionsA No liability is assumed for damages that may result from the use of information contained withinA

BlueRose Publishers takes no responsibility for any damages, losses, or liabilities that may arise from the use or misuse of the information, products, or services provided in this publicationA

For permissions requests or inquiries regarding this publication, please contact:

BLUEROSE PUBLISHERS
wwwABlueRoseONEAcom
info@bluerosepublishersAcom
+91 8882 898 898
+4407342408967

ISBN: 978-93-6783-857-0

Cover Design: Shubham Verma
Typesetting: Sagar

First Edition: March 2025

समर्पण

उन तमाम गुणी पाठकों और श्रोताओं को सादर समर्पित है, जिन्होंने मेरी कविताओं को पढ़ा,सुना और उनकी प्रशंसा कर मेरा उत्साह बढ़ाया , जिसके परिणामस्वरूप यह काव्य संग्रह आपके सामने है।

प्राक्कथन

मेरा प्रथम काव्य संग्रह " संघानित " २०२१ ई. में प्रकाशित हो चुका है, जिसमें शुरू से लेकर २०२० ई. तक की कविताएं संग्रहित हैं। इस संग्रह के प्रति पाठकों के उत्साह और प्यार को देखकर मुझे अपने इस दूसरे काव्य संग्रह "तुम अपनी नफरतें मुझे दे दोष को प्रकाशित करने की उर्जा मिली है। इस संग्रह में २०२१ ई. से लेकर अद्यतन कविताएं शामिल की गईं हैं ।

इस संग्रह में संग्रहीत कविताएं भी समय समय पर उत्पन्न मनोभावों की काव्यात्मक अभिव्यक्ति है, जिसमें कोई केंद्रीय विचारधारा अथवा वाद नहीं है, और न हीं किसी विचारधारा का समर्थन अथवा विरोध करने की कोशिश की गई है। अगर कोई कविता किसी विचारधारा अथवा व्यक्तित्व के समर्थन या विरोध में दिखाई देती है, तो यह महज संयोग है ।

इस संग्रह की कविताओं में यथा प्रसंग एक लय देने की कोशिश की गई है, लेकिन छंद के बंधनों से आजाद है। इन कविताओं में कोई आदर्शवाद स्थापित करने की कोशिश बिल्कुल भी नहीं की गई है, बल्कि मैंने कोशिश की है कि कविताएं यथार्थ के ज्यादा से ज्यादा निकट हो तथा आम पाठकों के लिए सुबोध हो ।

मेरी इस पुस्तक में संकलित कविताओं में कितनी साहित्यिकता है, इसका निर्णय आप सभी गुणी पाठकों पर छोड़ता हूं। मैंने अपनी तरफ से पूरा प्रयास किया है कि कविताएं साहित्यिक दृष्टिकोण से शुद्ध एवं सुरूचिपूर्ण हों, लेकिन इसके बावजूद कुछ त्रुटियां मिल सकती हैं, जिसके लिए मैं क्षमा प्रार्थी हूं ।

इस काव्य संग्रह का नाम इसकी प्रथम कविता – तुम अपनी नफरतें मुझे दे दो " पर आधारित है। इसमें कुल कविताएं संकलित हैं ।

मुझे उम्मीद है कि कविताएं आपको पसंद आएंगी।

सादर,

देव बिहारी शर्मा

रांची

आभार

आभार उन सभी मित्रों, पाठकों, श्रोताओं का जिन्होंने धैर्य से मेरी कविताओं को पढ़ा, सुना और प्रशंसा की,साथ ही साथ त्रुटियों की ओर भी मेरा ध्यान दिलाया और सुधार के लिए सुझाव दिये। इसी उत्साह वर्धन, समर्थन और सहयोग का फल है, कि यह काव्य संग्रह आपके सामने है ।

आभार उन सभी लोगों का भी जिन्होंने पुस्तक की पांडुलिपि तैयार करने एवं अन्य कई तरीकों से इस पुस्तक के प्रकाशन में सहयोग किया ।

आभार ब्लूरोज पब्लिशर्स, नयी दिल्ली का, जिन्होंने मेरे इस द्वितीय काव्य संग्रह को प्रकाशित कर मुझे काव्य रचना का क्रम जारी रखने के लिए प्रेरित किया ,और कवि के रूप मेरा आत्मविश्वास बढ़ाने में मदद की ।

अनुक्रमणिका

तुम अपनी नफरतें मुझे दे दो । 1

धूर्त । 4

मेरी नर्क यात्रा । 5

द्रौपदी का अट्टहास । 8

चलो आज हम एक झूठी कविता लिखते हैं । 10

आसमां को मुंह लगाने से रहा । 11

भीड़ का न्याय । 12

सत्य और झूठ । 13

जल प्रपात । 14

घर के मुंडेर पर आकर बैठ गया एक गिद्ध । 15

अंतहीन निराशा । 17

डरा हुआ आदमी । 18

आइये बबूलों के बाग में । 20

सड़ांध भरे झील में स्वामी विवेकानंद । 21

लोकतंत्र की मौत । (सुकरात द्वारा लोकतंत्र के पतन की भविष्यवा।ी से प्रेरित कविता) 23

पर्यावरण दिवस । 24

हिन्दी मुहावरों और कहावतों पर आधारित कुछ पद । 25

पलाश के पुष्प। 26

ऐ होली! तुझको क्यों याद करूँ ? 27

वैलेंटाइन डे पर एक महिला का मैरिज प्रोपोजल ।. 28

मैं दग्ध हृदय का विकल नीर। (गीत) 29

पीड़ा ! मेरे मन को बहलाना। (गीत) 30

शिकारगाह । 31

कायरता । 33

उदासी ।	34
तलाकशुदा औरतें ।	35
मुर्गीखाना ।	37
करेले ।	38
तुम्हारा प्रेम ।	39
एक अनाम प्रेम गीत ।	40
लियो टह्ल्स्टह्य की कहानी " एक गुमराह के संस्मरा " से प्रेरित कविता ।	41
पावस ऋतु बीत चली ।	43
तीन तोते ।	45
वह पगली थी (मैक्सिम गोर्की की कहानी " कालूशा " से प्रेरित कविता)	47
सत्ता ।	48
सांप और बाज (मैक्सिम गोर्की की कहानी "आत्म- बोध" से प्रेरित कविता)	49
कृष्ण अगर तुम राधा होते ।	51
मैं और मेरा अस्तित्व ।	52
ईश्वर, धर्म और आदमी ।	53
कहानियों के जंगल में ।	56
पिता ।	58
रिक्त होकर मरो ।	60
एक नदी की हत्या ।	61
ख्वाहिशें ।	63
सर्प सभ्य बन गये!	64
पंछी आदमी बन गये हैं ।	65
कूड़ादान ।	66
बापू जी का चौथा बंदर ।	68
चूहा, बिल्ली और घंटी ।	70
जो मिल जाता तेरा प्यार ।	72

निसर्ग के आंगन में ।	73
जाड़े की एक शुबह ।	74
जहरीली हवा अब लौट भी जा ।	75
झील के किनारे जाड़े की एक शुबह ।	76
लकड़हारे की कुल्हाड़ी ।	77
मुक्ति ।	78
न पीने की कसम ।	79
असत्य पर सत्य की जीत ।	80
जमीन ही अपनी है ।	81
बेलगाम राजा ।	82
अपने हिस्से का युद्ध ।	84
फिर ऐसे सपने क्यों बार बार आते हैं ?	85
विरोध भी एक धंधा है ।	86
गिद्ध ।	87
फिर आज एक पुष्प बिखर गया ।	88
नया करोना,ज्यादा रोना ।	89
शेर या बन्दर?	90
जहरीली हवा ।	91
गजल ।	92
गजल ।	93
धूर्त ।	94
मेरी नर्क यात्रा । (व्यंग)	95
मैं अपना लट्ठ पकड़ के खड़ा हूं । (व्यंग)	98

तुम अपनी नफरतें मुझे दे दो ।

तुम कितनी वहशतें पाले हुए हो ।
गले में यह नाग जो डाले हुए हो ।
तुम शंकर सा विषपायी तो नहीं ,
फिर विष पात्र क्यों थामे हुए हो ?

स्रष्टा खुद ही खुद से प्रश्न करके,
अपनी सृष्टि पर भौंचक खड़ा है ।
जिससे उम्मीद थी सर्जक बनेगा,
क्यों यमराज सा तनकर खड़ा है?

दहन में तुम्हारा भी घर जलेगा।
घृ।।ा से अंत अति विचित्र होगा,
कुटिल नाग तुमको भी डंसेगा।
यह विषधर न तेरा मित्र होगा।

जो आया था धरा को जीतने को,
बोलो ! वह सिकंदर अब कहाँ है?
जिस दंभ में था वह महा योद्धा,
ढूंढो ! उसकी अब मिट्टी कहाँ है?

क्या तुम ही जगत में श्रेष्ठतम हो?
कभी अपनी तरफ भी देख लेना।
विजय का दंभ जब मन में चढ़े तो,
उसमें अपना पतन भी देख लेना।

जिस श्रेष्ठता पर है दंभ तुमको,
वह तुम्हारा नहीं, एक वक्त भर है ।
खुद को सिंधु समझना मूर्खता है।
तेरी हस्ती तो बस एक बूंद भर है ।

तुम खुद को सूर्य कहते हो? कहो,
फिर तिमिर रथ पर क्यों चढ़े हो?
ओ रोशनी के मेरे भटके मसीहा!
दियों को बुझाने पर क्यों अड़े हो?

जिसे तुम धर्म ग्रंथों में ढूंढते हो,
वह ईश्वर मिट्टी का गागर नहीं है ।
स्रष्टिकर्ता है सभी सरहदों से परे ,
उसके सम्मुख कोई सागर नहीं है ।

घृ।।ा की आग में क्यों जल रहे हो ?
घनी अंधेरी रात्रि में प्रदीप बनो ।
जहां अंतिम दिया भी बुझ चुका है ,
वहां तुम चिर प्रज्वलित दीप बनो ।

अग्नि बनो तो सृजन की अग्नि बनो।
क्रोध की अग्नि तुम्हें ही क्षय करेगा ।
तुम्हारा जीवन मुश्किल अग्निपथ है ,
अगर सम्हले नहीं तो खुद ही जलेगा ।

धरा से प्रकाश पुंज विलुप्त हो गया ,
तमस सारी धरती पर पसरा हुआ है ।
अपने- पराये का है भेद मिट चुका ,
आदमी कई टुकड़ों में टूटा हुआ है ।

तपन में वसंत की पुरवाई बन जा।
धरा पर गिर,अमृत की बूंद बन जा।
निराशाओं में नयी उम्मीद बन जा।
तमस के राज में तुम सूर्य बन जा।

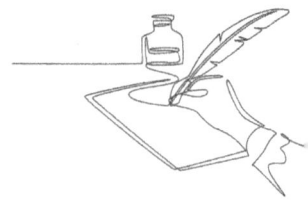

निराशा चारों तरफ पसरा हुआ है ।
लगता है,यहां पर कुछ बुरा हुआ है ,
भाई का भाई पर भरोसा उठ चुका,
आदमी अपने आप से डरा हुआ है।

हर तरफ फैले हुए हैं धर्म के घरौंदे ,
हर कोई ईश्वर को है यहां बेच रहा ।
सबने किया हुआ है धर्म का नशा ,
कौड़ियों के दाम खुद को बेच रहा ।

अब व्यर्थ के संघर्ष को विश्राम दे दो।
बहुत हुआ, स्वयं को अब त्रा।ा दे दो ।
स्वर्ग इस धरा पर उतर कर आयेगा,
तुम अपनी नफरतें मुझे दे दो ।

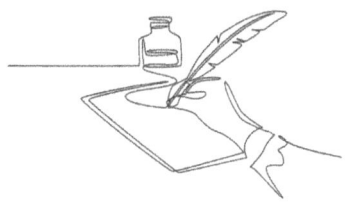

धूर्त।

बुलबुल नहीं बाज निकले गुरु ।
तुम तो बड़े उस्ताद निकले गुरु ।

चेहरे पर मासूमियत ओढ़ कर ,
तुम तो धोखेबाज निकले गुरु ।

ईमान का चूरन बेचते रहे हो तुम
पर तुम तो दगाबाज निकले गुरु ।

संत का परचम लगाये फिरते हो,
पर अव्वल चालबाज निकले गुरु ।

तुम तो हरिश्चंद्र के अवतार थे न?
परंतु घपलेबाज तुम निकले गुरु ।

हर जगह देवदूत बने घूमते हो ,
पर सही में यमराज निकले गुरु ।

आस थी कि गांठ खोले जाएंगे ,
पर तुम तो गिरहबाज निकले गुरु ।

धर्म का उद्धार करने तुम चले थे,
पर धर्म के धंधेबाज निकले गुरु ।

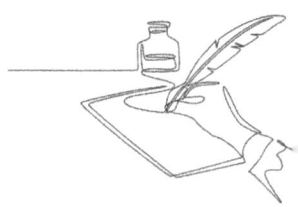

मेरी नर्क यात्रा।

मरने के चौबीस घंटे के अंदर ,
यमदूतों ने मुझे नर्क में ठेल दिया ।
मेरे पापों का लेखा-जोखा
चित्रगुप्त जी ने बिना लाग-लपेट ,
सबके सामने खोल दिया ।

नर्क में पहले उल्टा लटका कर,
मेरी जम कर कुटाई हुई,
और फिर लोहे के कड़ाह में ,
शुद्ध ईंजन छाप तेल में,
ब्राउन होने तक ,
मेरी ढंग से भुनाई हुईं ।

.... लेकिन मैं मरा नही।
यमदूतों से डरा नहीं ।
उनकी फिक्र कौन करता है?
मरा हुआ आदमी
भला दुबारा कहीं मरता है?

जबतक मैं धरती पर था तो ,
बहुत बड़ा कष्ट था,
कभी ईडी का छापा, तो कभी
सीबीआई से त्रस्त था।

जैसा बोएगा लल्लू ,
वैसा ही तो फल पायेगा ।
घोटाले पर घोटाले करके ,
स्वर्ग कहां से पायेगा ।

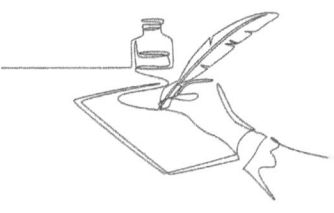

स्वर्ग और नर्क में सिर्फ एक
चहारदीवारी का फर्क था ।
स्वर्ग में दिखा बहुत चहल-पहल,
लेकिन इधर का बेड़ा गर्क था ।

लेकिन अंदर झांक कर देखा तो,
वहां बड़ा गड़बड़ माहौल था ,
स्वर्ग की हालत हद से
ज्यादा ही डांवाडोल था।

पंडित, मौलवी और पादरी
दरबानों को उल्लू बना गये ।
पु।य के फर्जी खाते दिखाकर,
सीधे सीधे स्वर्ग में समा गये

स्वर्ग में पंडित ने मंदिर बनवाया ,
मौलवी ने बनवाया मस्जिद ,
पादरी ने गिरजा बनवाया,
सबकी थी अपनी अपनी जिद।

फिर धर्म का बखेड़ा शुरू हुआ ,
दंगा –फसाद भी हो गया ।
धर्म-कर्म की लड़ाई में स्वर्ग का
पूरा ही कबाड़ा हो गया ।

हालात देख मैंने सोचा –
स्वर्ग की यह हालत है तो
सबसे अच्छा नर्क है ,
आदमी – आदमी के बीच
नर्क में कहां फर्क है ?

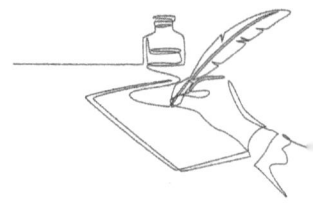

श्याम ने रहमान को लूटा तो,
बलराम को कहां छोड़ा है ?
रहमान ने धनीराम को कूटा तो ,
एकराम को भी तोड़ा है ।
मार्शल ने मोहन को सोंटा तो,
माईकल को भी ठोंका है ।

स्वर्ग में है भेद-भाव ,
तो नर्क में ? प्रेम है,भाईचारा है ।
स्वर्ग की ऐसी की तैसी ,
मुझे तो अपना नर्क ही प्यारा है ।

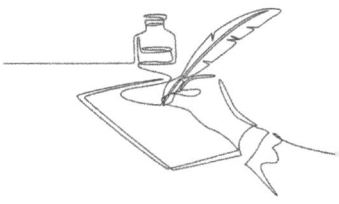

द्रौपदी का अट्टहास।

महाभारत का युद्ध खत्म हो चुका था ।
युद्ध भूमि में शर-शैया पर
मृत्यु की प्रतीक्षा करते हुए,
भीष्म पितामह का हाल जानने
पांडव उनके पास पहुंचे ।
द्रौपदी भी उनके साथ थी।

पितामह का हाल देखकर ,
द्रौपदी अचानक जोर जोर से हंसने लगी ।
पांडवों को द्रौपदी का यह व्यवहार ,
बहुत ही अवांछित, क्रुर और अमानवीय लगा ।
उन्होंने द्रौपदी को टोका ,और
पितामह से द्रौपदी के इस
अनुचित व्यवहार के लिए क्षमा मांगी -

शर शैय्या की असह्य पीड़ा को
झेलते हुए पितामह के मुखमंडल पर,
द्रौपदी को हंसते देखकर ,
शोक में डूबीं हुई एक
रहस्यमयी मुस्कान तैर गई ।
द्रौपदी के अट्टहास को उन्होंने
अन्यथा नहीं लिया, और फिर
सबको हृदय से आशिर्वाद देते हुए
सबके अभिमुख होकर बोले-

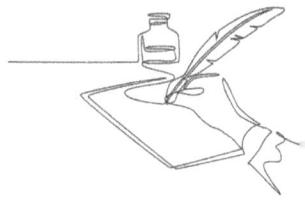

पुत्री द्रौपदी का अट्टहास स्वाभाविक है ,
जो भी मेरी तरह से ,
राजसिंहासन के खूंटे से बंध कर
न्याय का साथ नहीं देता ,
अन्याय का विरोध नहीं करता ,
वह अंततः महाभारत का कार।। बनता है ,
जिसमें कोई नहीं बचता - कुछ भी नहीं बचता-
राजसिंहासन भी नहीं,
जिसे वह बचाना चाहता है ।
यही नहीं, उसे खुद भी
शर-शैया पर आना ही पड़ता है ।

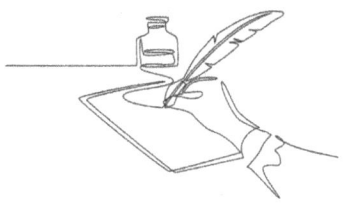

चलो आज हम एक झूठी कविता लिखते है ।

बबूल को गुलाब, गुलाब को खार लिखते हैं ।
बंजर उजाड़ी बस्ती में बसंत बहार लिखते हैं ।
प्रचंड आंधियों को लिखते हैं मधुमास की हवा ,
बहेलियों को कबूतरों का तारणहार लिखते हैं ।
चलो आज हम एक झूठी कविता लिखते हैं ।

क्षुद्र नदी को देवनदी, गंगा को वन्या लिखते हैं ।
भागीरथी पी जाने वाले को भगीरथ लिखते हैं।
आस्तीन के नागों को लिखते हैं अपना ही सगा ,
हिंसक बाघ को अहिंसा का कर्णधार लिखते हैं ।
चलो आज हम एक झूठी कविता लिखते हैं ।

अन्याय को न्याय, न्याय को अन्याय लिखते हैं ।
जुल्मों को ईश्वर का दिया आशीर्वाद लिखते हैं ।
बेबसी के आंसुओं को लिखते हैं खुशी के आंसू ,
असहाय जन के चित्कार हम हर्ष गान लिखते हैं ।
चलो आज हम एक झूठी कविता लिखते हैं ।

सफेद को स्याह ,स्याह को सफेद लिखते हैं ।
गुलामी को मानवता का परमोधर्म लिखते हैं।
तानाशाही तंत्र को लिखते हैं हम लोकशाही ,
बरसते आंसुओं को गंगा - जमुना लिखते हैं ।
चलो आज हम एक झूठी कविता लिखते हैं ।

कवि हैं हम ,झूठे हैं, हम सिर्फ झूठ लिखते हैं ।
झूठ के ही कलम से हम महाकाव्य लिखते हैं ।
झूठ ही हम ओढ़ते हैं, हम झूठ ही बिछाते हैं ,
फरेबी शासन तंत्र को हम रामराज्य लिखते हैं
चलो आज हम एक झूठी कविता लिखते हैं ।

आसमां को मुंह लगाने से रहा

आप पर एतबार होने से रहा,
तिजारती से प्यार होने से रहा ।

प्रेम की आग ही जब बुझ गयी,
तो राख से उम्मीद होने से रहा ।

आंखें मेरी दर्द से पथरा चुकी हैं,
अब तो इनमें अश्क आने से रहा ।

दिल पर पत्थर अपने रख लिया,
संगदिलों से खौफ खाने से रहा ।

कस्ती मेरी डूबे या कि पार उतरे,
अब मैं साहिल को बुलाने से रहा ।

चाहे कोई मंदिर में ही बैठ जाये,
मैं दैत्य को देवता बताने से रहा ।

जमीन पर पड़ा हूं, पर होश में हूं,
मैं आसमां को मुंह लगाने से रहा ।

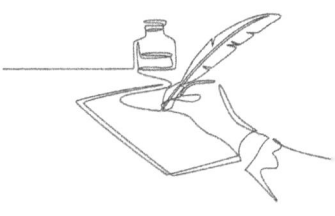

भीड़ का न्याय।

न्याय जब भीड़ के हवाले होती है,
तो जाहिर है ,
फैसला भी भीड़ ही करती है ।
क्या फर्क पड़ता है कि
किताबों में क्या लिखा है ?
क्या फर्क पड़ता है इससे कि
न्यायशास्त्र क्या कहता है ?
क्या फर्क पड़ता है कि,
वह मानक जिसे उन्होंने ने ही
खुद को लिए तय किये थे,
तोड़ दिये जाते हैं –
खंड खंड,परत दर परत ।

भीड़ जब फैसले लेती है तो ,
आकार ले लेता है एक नया तंत्र ,
एक नया सुविधाजनक '' संविधान'' !
गढ़े जाते हैं नये मुहावरे,
नये नारे,
पुरानी मुर्तियां तोड़ दी जाती हैं ,
नयी मुर्तियां खड़ी हो जाती हैं ,
और पूजी जाने लगतीं हैं ,रातों रात ।
शोर श्लोक बन जाता है,
हिंसा बन जाता है कर्मकांड ,
और फिर अचानक से एक आदमी ,
मजलूमों के जलते हुए शवों
और बस्तियों के अग्नि कुंडों से ,
घुएं की तरह उठकर
मसीहा बन जाता है ।

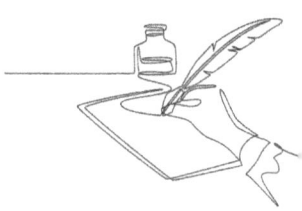

सत्य और झूठ।

एक हत्यारा चाकू लेकर हाथ में
खदेड़ रहा था एक शख्स को ।
वह उसकी हत्या करना चाहता था ।
वह डरा हुआ आदमी भागते हुए
एक गरीब की झोपड़ी में पहुंचा ,
और प्रा।ा रक्षा के लिए शर।ा मांगा।
गरीब आदमी ने उसकी दयनीय दशा देखी
और उसे अपनी झोपड़ी के कोने में छुपा दिया,
हिंसक हत्यारे की परवाह किये बिना ।
पीछे से हत्यारा वहां आ धमका ,
और अपने शिकार के बारे में
उस गरीब आदमी से पूछा -
“ क्या तुमने एक आदमी को इधर से
भागते हुए देखा “
गरीब आदमी समझ गया कि
यह वही हत्यारा है जिससे
उसकी जान बचानी है ।
वह डरे बिना हत्यारे से सख्ती से बोला -
“ नहीं, इधर कोई नहीं आया “
हत्यारा आगे बढ़ गया और
एक आदमी की जान
एक झूठ के कार।ा बच गयी ।
आप जरा सोचिये,
क्या कोई भी सत्य इस झूठ से
ज्यादा पवित्र हो सकता है ?
नहीं न ?

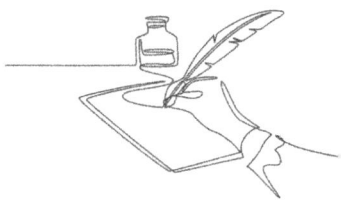

जल प्रपात।

जल प्रपात के पानी को गिरते देखना
कितना अच्छा लगता है
लगता है न ?
प्रभात की सुनहरी किर।ों में
स्व।ा म।िकाओं सा चमकते, हवा में तैरते
पानी की असंख्य बूंदें।
अपार जल राशि-
धवल, उज्ज्वल , चंचल, फेनिल ,
बहता जाता है गाते हुए ,
जैसे कोई प्रेम गीत,
लेकिन कौन है उसका प्रेमी ?
गहन, सघन रहस्य समेटे जंगल?
नदी ? जिसकी तलहटी के पत्थर पर
वह अपना सिर पटक रहा है ?
या पहाड़ियों की ऊंची चोटियां ?
सबसे विदा लेकर एक एक कर,
चला जा रहा है-
कभी न लौटने के लिए ,
खुद को मिटा कर,
सागर से महा मिलन के लिए ।

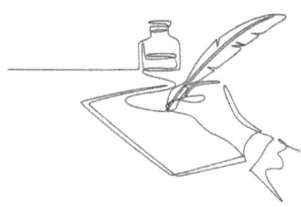

घर के मुंडेर पर आकर बैठ गया एक गिद्ध।

घर के मुंडेर पर आकर
बैठ गया एक गिद्ध।
समाधि की मुद्रा में था ,
जैसे कोई परम सिद्ध।

आसन्न गिद्ध को देखकर
गांव के लोग जुटने लगे।
अपशकुन की आशंका में
बेइंतहा डरने लगे।

एक आदमी बोला-
" कुछ अनिष्ट होने वाला है।
अब इस गांव का बेड़ा
जल्दी ही गर्क होने वाला है।"

दूसरा बोला-" अब कोई
तंत्र - मंत्र करना होगा,
गिद्ध दृष्टि से बचने का कोई
माकूल यत्न करना होगा "

तीसरा बोला- " जल्दी से
किसी तांत्रिक-वांत्रिक को बुलवाओ,
कोप से बचने के लिए
गांव में अखंड पाठ करवाओ।"

तो कोई और बोला -
" किसी पीर- फकीर को
खबर करवाओ।
ताबीज - गंडा, बद्धी - धागे का
इंतजाम आज ही करवाओ । "

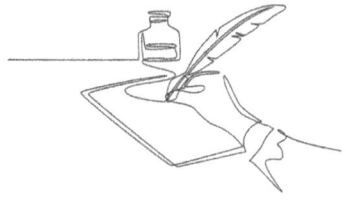

इसी बीच प्रभु श्रीराम का
एक परम भक्त वहां आ गया ।
शहद स्निग्ध शब्दों में उसने
भोले भाले ग्रामी.ों को समझाया -

,"- भक्त बोला -
" हे प्रभु अगले जन्म में भले ही
मुझे गिद्ध बना देना, लेकि" युगों की प्रतीक्षा के बाद
हमारे स्वर्णिम दिन लौट आये हैं ,
त्रेता सा युग प्रबंध देखकर ,
पंछीराज जटायु स्वयं यहां आये हैं।"

ग्रामीणों ने पूछा - " जटायु कौन ?
जिसने रावण से युद्ध की थी ?
माता सीता की रक्षा में,
अपने प्राणों की आहुति दी थी ?"

" हां वही जटायु "- बोला भक्त
" जो अबला की रक्षा में काम आया,
स्वयं श्री राम का स्पर्श पाकर
एक हीन पंछी भी सद्गति पाया।"

"जटायु का अग्रज था संपाती,
जिसने सीता माता का पता बताया,
पंखहीन, दीन-हीन पंछी,
स्वयं विपदा में रहकर भी ,
प्रभु श्रीराम के काम आया।"

"मैं तो कहता हूं न
अबला की रक्षा में जान दे सकूं,
मुझे एक ऐसा जटायु बना देना।
मुझे एक ऐसा जटायु बना देना।"

अंतहीन निराशा।

भादों की एक बेहद बोझिल,उमस भरी रात।
अपनी झोपड़ी में एक वृद्ध दंपति ,
टकटकी लगाए हुए है आसमान कीओर ,
बहुत कठिन जिंदगी, अंतहीन निराशा।
उनके आंखों से नींद गायब है ,
शायद किसी के लौट कर आने की
कभी न पूरी न होने वाली आस में ।

मेघों की भयंकर गर्जना ,
मूसलाधार बारिश ,चिग्घाड़ मारती नदी ,
झिंगुरों का शोर,मेंढकों का टर्टर
रोती कराहती,सनसनाती हुई पुरवाई ।
रात तेजी से बढ़ रही है
अंतिम प्रहर की ओर–
इस बदनसीब दंपति के जीवन की तरह ,
जिनके यौवन में उगायें गये सारे फूल
लौट आये हैं रूप बदल कर ,
बदबूदार घाव बन कर।

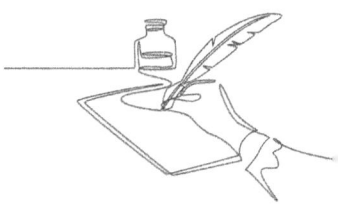

डरा हुआ आदमी।

जमीन सख्त और स्थिर है ,
मजबूत पैर भी हैं उसके ,
फिर भी उसके कदम डगमगाते हैं ,
खुद पर भरोसा नहीं कर पाता ,
डरा हुआ आदमी ।

मंजिल मालूम है उसको ,
रास्ता भी वह जानता है ,
चलने का दमखम भी है उसमें ,
फिर भी भटक ही जाता है ,
डरा हुआ आदमी ।

बह सत्य को पहचानता है ,
सही-गलत का बोध भी है उसे,
सत्य का साथ भी देना चाहता है ,
लेकिन हिम्मत हार जाता है ,
डरा हुआ आदमी ।

जुल्मी को वह जानता है ,
मजलूम की पीड़ा की भी समझता है ,
बोलना चाहता है अन्याय के विरुद्ध ,
लेकिन चुप्पी को ही चुन पाता है ,
डरा हुआ आदमी ।

आंखें हैं, देख सकता है वह ,
और मस्तिष्क भी है उसमें ,
न्याय शब्द भी सुन रखा है वह ,
लेकिन न्याय का साथ नहीं दे पाता ,
डरा हुआ आदमी ।

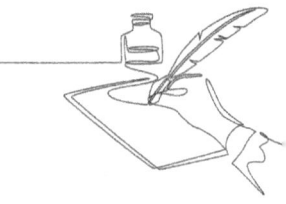

वह दिखता तो है आदमी की तरह -
बिल्कुल स्वस्थ और हट्टा कट्टा ।
चलता है, फिरता है,खाता है,पीता है ,
तब भी डरा हुआ आदमी कहां२

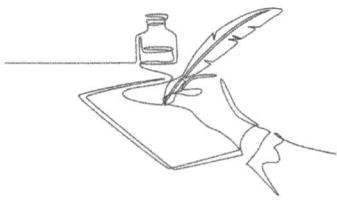

आइये बबूलों के बाग में।

उफ! गजब की गर्मी, उमस, बेचौनी
और धूल भरी आंधी ।
जल रही है धरती, जल रहा है आसमान।
समय से पहले झड़ गये गुलाब,
मुरझा चुका है हरसिंगार ,
पतझड़ के हाथों लुट चुका है बहार ।

लेकिन एक दुनिया और भी है ,
जहां जेठ की हवाओं के रथ पर ही
चढ़ कर वसंत आता है ,
गीत गाता हुआ प्रेम के राग में ।
आइए ,आप को लेकर चलता हूं ,
बबूलों के उसी बाग में ।

इस बाग में फूलों से सजे-लदे हैं ,
बबूल के असंख्य वृक्ष, और
दिल खोलकर मुस्कुरा रहे हैं ।
गर्म हवा के थपेड़ो को
वे बड़ी बेफिक्री से धत्ता बता रहे हैं ।

पीड़ा को दिल में दफन कर
मुस्कुराने की अदा कुछ और है।
गुलाबों की दुनिया और है,
बबुलों की दुनिया कुछ और है।

इसलिए,बबूलों से सीखिए ,
विपत्तियों को भूल जाईए।
हालात चाहे जैसे हों,
हर हाल में मुस्कुराइए ।

सड़ांध भरे झील में स्वामी विवेकानंद ।

शहर के सड़ांध भरे झील में ,
आकर मिलती हैं चारों दिशाओं से ,
बदबूदार नालियां,
टनों मल-मूत्र, कचरा,
बिछी हुई है जलकुंभी की घिनौनी चादर,
बिखरी पड़ी हैं जहां तहां ,
मृत पशुओं की सड़ती हुई लाशें ।
यह झील है या शहर का कूड़ादान है?
इस झील के मध्य में खड़ी है
स्वामी विवेकानन्द की विशाल मूर्ति।

हे स्वामी , हे स्वामी विवेकानंद !
क्या मैं पूछूं? बुरा तो नहीं मानोगे ना स्वामी ? -
क्यों खड़े हो यहां ?
इस बजबजाती झील में ?
हे स्वामी, तुम्हें पता है न?
इस नर्क को किसने रचा है ?
वही ‘‘ धर्मात्मा‘‘ लोग जिन्होंने अपने
विद्रुप चेहरे पर राजधर्म का
नकाब लगा कर,
शहर के मध्य में इस नर्क को रचा है
और इसे बड़ा किया है ।

तुम्हारी भक्ति में नहीं हैं ये लीन,
न हीं तुम्हारे संदेशों से हैं प्रेरित,
ये भावनाशून्य मानव जिन्होंने,
तुम्हें स्थापित किया है, तुम्हारे बहाने
अपने पुणय की आभासी गठरी में ,
अपने पाप को छुपाया है ।

आप तो महा ज्ञानी हो स्वामी जी,
नरों में नरेन्द्र और
पुष्पों में पुष्पेन्द्र - ब्रह्मकमल हो
देखो, इनकी आंखों में अब पानी नहीं।
इन्होंने सिर्फ आपकी पत्थर की
मूर्ति ही नहीं लगाई,
ये खुद भी पाषाण बन चुके हैं- पाषा।ा मानव!
इन सौदागरों के लिए आप महज
एक सौदे का विज्ञापन हो स्वामी जी।
इससे अधिक कुछ नहीं,
कुछ भी नहीं।

लोकतंत्र की मौत ।
(सुकरात द्वारा लोकतंत्र के पतन की भविष्यवा।ी से प्रेरित कविता)

लोकतंत्र की मौत अवश्य होगी ,
क्योंकि यह हर शख्स के हिसाब से
खुद को ढालने की कोशिश करेगा।
सबको खुश करने की कोशिश में
बेशुमार समझौते करेगा।
गरीब अमीर का धन मांगेगा -
यह उसे छीन कर दें देगा।
मूर्ख बुद्धिमानों की तरह प्रतिष्ठा मांगेगा -
यह उसे दे देगा।
औरतें पुरुषों का स्थान चाहेगी-
यह उसे दे देगा ।
घुसपैठिए मूल निवासियों की तरह
अधिकार मांगेंगे -
यह लोकतंत्र उसे दे देगा ।
चोर- उचक्के और घपलेबाज
सरकार में अहम पद मांगेंगे -
यह उसे खुशी खुशी दे देगा।
और अंत में जब चोर -उचक्के और दस नंबरी ,
लोकतंत्र के रास्ते सत्ता पर
काबिज हो जाएंगे, तब
इस लोकतंत्र से उपजी सत्ता
बदतरीन तानाशाही,
राजशाही या स्वेच्छाचारिता से भी
बदतर होगी ,
और... तब,
लोकतंत्र की दर्दनाक मौत होगी,
बहुत ही दर्दनाक मौत।

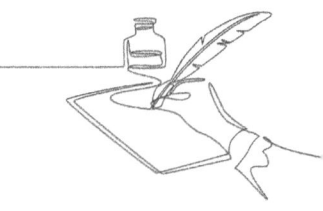

पर्यावरण दिवस

आने वाली पीढ़ियां अगर तुमसे पूछेंगी -
हरियाली ओढ़े पर्वत कैसे होते थे ?
कैसा होता था दूर तक फैला सघन वन ,
जिसमें स्वछन्द विचरते थे,
सैकड़ों वन्य जीव निर्विरोध ?
बहती थी रात दिन
शीतल मंद सुगन्धित हवाऐं ।
छा जाती थी पावस की
काली सघन घटाएँ ,
बरसता था सावन रात दिन ,
नाचते थे मोर, गाते थे पपीहे ।
कैसे बहती थी यौवन से परिपूर्ण ,
कटि पर लिये अमृत का घट
बल खाती इठलाती नदियां ?
यह अतुल्य उपहार प्रकृति का
छीना किसने हमसे ??
तो कोई उत्तर तेरे
पास न होगा ।
क्यों कि
तुम जानते हो
गुनहगार कोई और नहीं ,
तुम हो, सिर्फ तुम,
और तुम्हारी आत्मघाती पीढ़ी ।
और फिर वो आने वाली पीढ़ियां
तुम्हें कभी माफ नहीं करेंगी ।

हिन्दी मुहावरों और कहावतों पर आधारित कुछ पद।

नहा रहा है रोज गंगा में, पर मन कहाँ चंगा हुआ ?
यह संत नहीं, कपटी है, सियार है रंगा हुआ ।

दूध की रखवाली जब से बिल्ली को मिल गयी,
मलाई-वलाई तो छोड़िये, वह मट्ठा तक पी गयी ।

आश्वासनों की ताप से मंगरू का जाड़ा जायेगा ।
सरकार वाला कंबल फागुन में बांटा जायेगा ।

बकरे की अम्मा बेचारी कबतक खैर मनाऐगी ?
विकास की सरकारी भैंस पानी में ही जायेगी ।

पहले से करेला थे, अब नीम पर भी चढ़ गये।
पेट पर लात मारे फिर गिरेबान तक पहुंच गये ।

सैंकड़ों चूहे खा के बिल्ली हज को निकल गयी
जाते जाते अहिंसा पर वह लंबा – चौड़ा दे गयी

जैसा बोएगा भोले वैसा ही तो फल आयेगा ?
गदहों के इंतखाब में सिर्फ गदहा ही पायेगा ।।

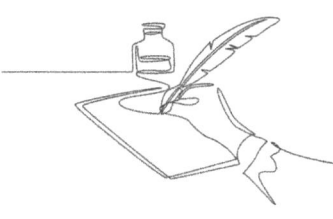

पलाश के पुष्प.

सिर पर साफा बांधे लाल,
शाखों में लेकर मशाल.
संदेशा लेकर जीवन का,
फूलों से भर गया पलाश.

पतझड़ ने पत्ते छीन लिये,
गर्मी ने भीष।। दंश दिये,
लेकिन वसंत आऐगा ही ,
बता गया पुष्पित पलाश.

जंगल के दुर्दिन बीत गये,
सर्वत्र लालिमा पसर गयी,
जैसे अनंग की टोली संग,
सज धज के आया पलाश.

वासंती हवा के झोंके ने,
कुछ ऐसा छेड़ा प्रेम राग.
फागुन मस्ती में झूम उठा,
झूम उठा है नवल पलाश.

पतझड़ है कोई अंत नहीं,
फिर से बहार को आना है.
फूलों की बारात सजा कर,
यही संदेश दे रहा है पलाश.

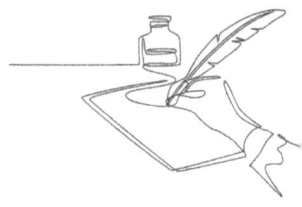

ऐ होली! तुझको क्यों याद करूँ ?

इन मायूस, मलिन, चेहरों पर,
कुछ आस बंधा जाते, तो तुम याद आते.
इन हतभागों के जीवन में,
थोड़ा रंग भर जाते, तो तुम याद आते.

नंग- धड़ंग मानव के तन को
चिथड़े से भी ढक जाते, तो तुम याद आते.
भूखे, दुर्दिन के मारों का,
कुछ कष्ट मिटा जाते, तो तुम याद आते.

कचड़े में गुमसुम बचपन में,
वात्सल्य मिला जाते, तो तुम याद आते.
बुढ़िया की पथरायी आंखों में,
कुछ हर्ष जगा जाते, तो तुम याद आते.

जीवन की बंजर धरती पर,
कुछ पौध उभर आते, तो तुम याद आते.
आता वसंत सब पर समान तो,
हे होली, हे रंग पर्व ! तू बरबस याद आते.

फिर जाने से तेरे क्यों शोक करूँ ?
ऐ होली! तुझको क्यों याद करूँ ?

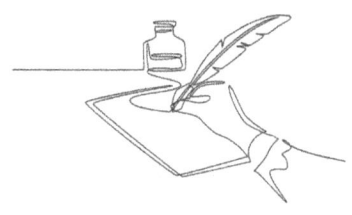

वैलेंटाइन डे पर एक महिला का मैरिज प्रोपोजल

गृह कार्य में दक्ष एक पति ऐसा चाहिए

बेड टी के साथ वह शुबह का सलाम करें
पूजा पाठ छोड़कर वह पत्नी का ध्यान करे
बर्तन-बासन धोने का उसे पूरा अभ्यास हो
झाड़ू पोंछा करने में आइ आइ टी पास हो
खाना बनाने में उसे मजा आना चाहिए
घर में सास, ससुर और ननद नहीं चाहिए
जिधर घुमा दें घुमे, एक टौमी ऐसा चाहिए
    गृह कार्य में दक्ष एक पति ऐसा चाहिए ।

कपड़े धोने में नहीं उसका कोई जोड़ हो
टहलू के रूप में उसका न कोई तोड़ हो
बच्चों की देखभाल में करता कमाल हो
डाइपर बदलने का उस्ताद बेमिसाल हो
बिस्तर लगवाऐं ,उससे पैर भी दबवाऐं
अपनी सेवा में उसे पीएचडी करवाऐं
बिना आंख वाला एक उल्लु ऐसा चाहिए
    गृह कार्य में दक्ष एक पति ऐसा चाहिए ।

लगता भले हो बूढ़ा ,पर अंदर से जवान हो
वैसे तो मेरा पति हो ,पर सेवक महान हो
पत्नी की सेवा में उसे पुन्य का विश्वास हो
शौपिंग बैग ढोने में उसे गर्व का एहसास हो
पास बुक वही रखे,पर एटीएम मेरे पास हो,
मां बाप की ऐसी तैसी,प्रिय उसको सास हो
डांट पर भी डटा रहे, एक योद्धा ऐसा चाहिए
    गृह कार्य में दक्ष एक पति ऐसा चाहिए ।

मैं दग्ध हृदय का विकल नीर
(गीत)

मैं दग्ध हृदय का विकल नीर ,
नयनों में छलक कर आऊंगा.
बोझिल पलकों पर उमड़-घुमड़
पल दो पल में ढल जाऊंगा ।

मैं शून्य गगन के सघन मेघ से
गिर कर धरती पर ही आऊंगा.
या झंझा से विघटित होकर
विस्तृत नभ में खो जाऊंगा ।

मैं हिमनद शैल शिखर का हूँ,
एक रोज पिघल ही जाऊंगा.
खुद के होने का अक्स मिटा,
सागर में मैं मिल जाऊंगा ।

मैं तृ।ा पर ठहरा ओस विंदु,
अहले प्रभात मिट जाऊंगा.
बन जाऊंगा मैं सघन धुंध,
जग से ओझल हो जाऊंगा ।

कभी अंबर से,कभी आंखों से,
मैं बस गिरता ही जाऊंगा.
मैं दग्ध हृदय का विकल नीर,
कोई ठौर कहाँ मैं पाऊँगा ?

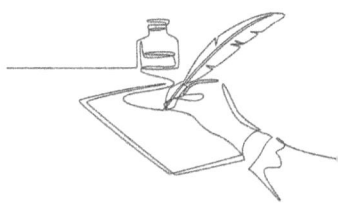

पीड़ा ! मेरे मन को बहलाना
(गीत)

जब वसंत ओझल हो जाये,
तप्त गृष्म अग्नि बरसाये,
धीरे से मन का द्वार खोल,
तुम मेरे हृदय में आ जाना.
    पीड़ा ! मेरे मन को बहलाना ।

आओ कि यह तम मिट जाये,
मन का त्रास विरल हो जाये,
मेरे नयनों को सिक्त देखकर,
तुम लेकिन मत नीर बहाना.
    पीड़ा ! मेरे मन को बहलाना ।

जब प्रीत नगर सूना हो जाये,
अंतिम दीपक भी बुझ जाये,
मेरी आशाओं की समाधि पर,
तुम आकर एक दीप जलाना.
    पीड़ा ! मेरे मन को बहलाना ।

दृग जल को कोई कैसे धोये ?
खामोशी में कैसे शब्द पिरोये ?
जालबद्ध इस कठिन डगर में,
तू आकर मुझको राह दिखाना.
    पीड़ा ! मेरे मन को बहलाना ।

शिकारगाह

जाड़े की अहले शुबह
धुंधलके की चादर में लिपटी
शांत विस्तृत झील की गोद में
तैरती एक कृशकाय नौका,
और उसे खेता हुआ एक मछुआरा
जाल फेंकता हुआ उथले जल में
रोज की तरह मछलियों के शिकार में लीन ।

जल के समानांतर नीची आकाश में
उड़ता एक चपल जल पंछी,
झील के जल में तैरती मछलियों पर
निगाह डाले हुए अनवरत –
उसे लपक लेने को आतुर,
सदा से अपने काम में व्यस्त ।

जल के अन्दर बड़ी मछली
छोटी मछली के पीछे भागती हुई
बनाने को उसे अपना निवाला ।

कोई मानता ही नहीं कि
मछली भी रोती है,
क्योंकि जल के अन्दर
किसी के आंसू दिखते नही ।

झील के तट पर खड़ा एक पुराना शाल वृक्ष,
देखता हुआ जीवन के इस शास्वत संघर्ष को ,
हर रोज की तरह स्थिर, अचल, मौन धारे –
शायद यह सोंचकर कि
आखेट ही इस धरा का सत्य है.
दुनिया एक शिकारगाह है.

बाकी सब इसी के इर्द - गिर्द बुनी हुई
सिर्फ कल्पित कहानियाँ हैं ,
और कुछ नहीं, कुछ भी नहीं .

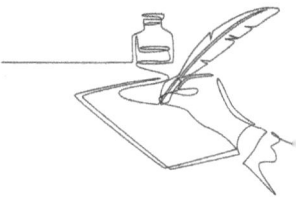

कायरता।

कायरता सिर्फ यही नहीं कि
तुम जंग के मैदान से
पीठ दिखा कर भाग जाते हो ।
और सिर्फ यह भी नहीं कि तुम
अत्याचारी के सामने बिना संघर्ष किये
आत्मसमर्पणा कर देते हो ।
कायरता यह भी है कि
जिसे तुमने बड़ी उम्मीद से ,
अपनी नुमाइंदगी सौंपा था, ताकि वह
तुम्हारी आवाज बन सके ,
वह सत्ता के मद में अंधा होकर
सारे वादे भूलकर, सारी कसमें तोड़कर,
तुम्हारी ही आवाज छीन लेता है,
और तुम इसे अपनी नियति मानकर
चुप बैठ जाते हो ,
तो तुम भी कायर हो – महा कायर,
अगर ऐसा होता है,
तो तुम्हारी दुर्गति तय है,
और तुम इसी के लिए बने हो।

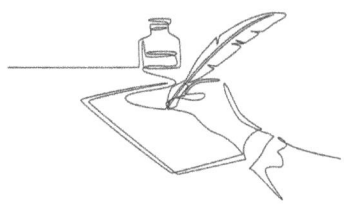

उदासी

जब कभी मन उदास होता है,
खुद को खुद में समेट लेता हूँ ।
मैं दिल पर लगा करके पहरे,
अश्क आँखों में रोक लेता हूँ ।

जज्बातों पर है मेरा जोर नहीं,
मैं यूंही बे बात बहक जाता हूँ ।
जब दर्द की कोई दवा ही नहीं,
तो पथ्थर को क्यों सुनाता हूँ ।

दिल पर चोट खाकर बैठ गया,
तुम्हें मेरी याद तक नहीं आयी।
मेरे घावों पर मुस्कुराने वाले,
मुझको तेरी अदा पसंद आई ।

अकेला मैं कहाँ हूँ दुनिया में ?
गम जो हमसाया मेरे रहते हैं ।
मिट गयी थी जब मेरी हस्ती ,
उस महुरत को याद करते है ं।

भरोसा अपनो नहीं ,गैरों पर
किया होता तो बेहतर था।
दीया जो घर ही जला डाले,
वो नहीं जलता तो बेहतर था ।

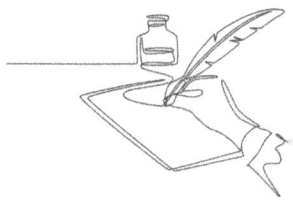

तलाकशुदा औरतें।

ध्वस्त जिंदगी के टूटे फूटे
टुकड़ों को समेटती हुई ,
मरुस्थल में तलाशती शीतल झरने,
अतीत के खंडहरों पर ,
महल बनाने की
अब भी शेष हैं उसकी हसरतें!
उसकी चुप्पी को समझना मुश्किल है -
वह आहत है वक्त की ठोकरों से,
या फिर उसके शब्द किसी ने हर लिए?
लहू लुहान आत्मा, क्षत -विक्षत काया।
जीवन के पथरीले, कटीले रास्तों पर,
चलते हुए उभर आये हैं, पैरों में ऊसके
पश्चाताप के अनगिनत छाले।
कदम उसके अब थमे कि तब थमे,
क्षी।ा होती, टूटती सांसें,
जाना कहाँ है पता नहीं ,
फिर भी चलती ही जा रही है,
शून्य में मंजिल उकेरती हुई,
कोई न साथ है, और न
किसी के साथ होने की उम्मीद।
उसके कंधों पर लाद दी थी जमाने ने ,
जबरन एक शब्द जाल, जिसमें फंसकर,
मरे थे तड़प तड़प कर,
उसके प्रेम के सुकुमार परिंदे।
उसकी पीड़ा की वजह पूछने की
कोई वजह ही नहीं,
यह प्रश्न ही बेमानी है।

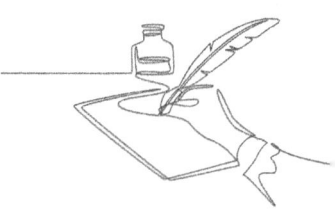

जाहिर है, वह औरत है,
तो गुनाह और किसका होगा ?
भंवर के हवाले कर दी गयीं
अभिशप्त कश्तियाँ हैं ये औरतें ।
ये तलाकशुदा औरतें ।

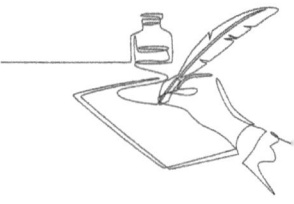

मुर्गीखाना।

मैं पहली बार मुर्गीखाना गया,
वहाँ दड़बे में सैंकड़ों छोटे छोटे चूजे थे --
खुबसूरत, मासूम, चंचल ।
मैं कुछ महीने बाद फिर वहाँ गया ।
सभी चूजे बड़े हो चुके थे-
हृष्ट -पुष्ट , वजनदार ।
कुछ हफ्ते बाद मैं तीसरी बार वहाँ गया ।
अबकी बार सारे दड़बे खाली थे --
पूरी तरह से खाली ।
पता चला सारे बयस्क मुर्गे- मुर्गियाँ
बेच दिये गये थे कसाईखानों को ।
सबको पता था उनका का भविष्य,
लेकिन मुर्गे - मुर्गियों को कहाँ पता था ?
मौत से अनभिज्ञ खुश थे सभी --
तबतक ,जबतक ,
उनकी गर्दनों पर छुरियां नहीं चल गयी ।
दुनिया की रवायत यही है ।
ढंग अलग हो सकता है ,
औरों को दिखाने के लिए,
लेकिन यहाँ तो पाला ही जाता है--
सिर्फ मार दिये जाने के लिए !

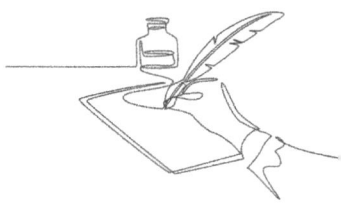

करेले।

मेरे बाग में लगे हैं,
तरह तरह के करेले-
कुछ लंबे, कुछ नाटे,
कुछ पतले, कुछ मोटे,
कुछ बडे कुछ छोटे,
कुछ गहरे हरे, कुछ गहरे पीले,
रंग रूप में कितना फर्क है इनमें !
लेकिन अपने गुणों में एक जैसे हैं ये -
सबकी चमड़ी है खुरदरी ,
और सभी हैं एक जैसे कड़वे।
...और हाँ,कुछ करेले तो ,
उस्ताद बन गये हैं।
वक्त की नब्ज पकड़ कर ,
नीम पर चढ़ गये हैं।

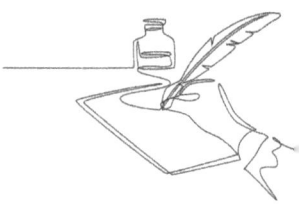

तुम्हारा प्रेम।

जब तुम मुस्कुरायी थी ,
मेरी आंखें तो खुली थी,
लेकिन मेरे मन के द्वार बंद थे।
मैं तुम्हारा मुस्कुराना देख नहीं पाया ।
जब मुझे देखकर खुशी और शर्म से,
रक्ताभ हो गये थे तुम्हारे कपोल,
जैसे किसी ने उनपर अबीर मल दिया हो,
तब मेरी अंतरात्मा सो चुकी थी।
तुम्हारे उच्छवॉस की उष्मा को,
मैं महसूस नहीं कर पाया ।
मैं तुम्हारे प्रेम को समझ नही पाया ।
अब तुम्हारे और मेरे ह्र्दयों के
बीच एक सम्पूर्ण अंतरिक्ष है,
जिसमें तड़प तड़प कर मर रहा है प्रेम ।
तुम अपनी जगह हो, मैं अपनी जगह --
एक दूसरे से दूर , बहुत दूर ...
हमारा प्रेम अद्वैत हो नहीं पाया ।
मैं प्रेम के वरदान को अपना न पाया ।

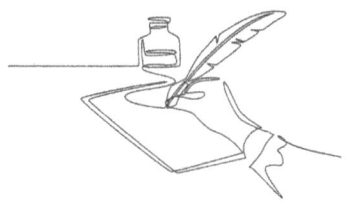

एक अनाम प्रेम गीत ।

सागर सी गहरी आंखों में तेरी ,
एक भटका हुआ मैं नाविक हूँ ।
उठती घहराती लहरों में हूँ मैं,
एक टूटा हुआ पतवार लिए।

कंचन काया, कजरारे नैन,
कोयल सा तुम्हारे मधुर बैन,
भौंरों की तरह उलझे हुए लट,
जैसे रात आयी श्रृंगार किए।

मृगनयनी ! तेरी ये मस्त चाल,
कटि लचके जैसे लवंग डाल,
बसंती हवा चल पड़ी हो जैसे,
नव कलियों की बारात लिए।

नील ,नवल नीरज सी काया,
नारी है या फिर है कोई माया ?
या अंबर से कोई रसवंती परी,
उतरी हो मधु-मधुमास लिए?

शरत चंद्र की चांदनी शीतल,
बिछा गई धरती पर मखमल।
आ जाओ कि पथ में बैठा हूँ ,
मैं प्रेम का जलता दीप लिए।

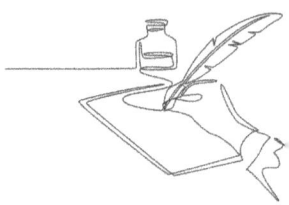

लियो टॉल्स्टॉय की कहानी
" एक गुमराह के संस्मर। " से प्रेरित
कविता.

" यदि तुम्हारा वजूद है तो,
तुम अपने वजूद को साबित करो.
तुम्हारा सृजन किसलिए हुआ ?
तुम क्या हो ? कौन हो ?
मेरे प्रश्नों का जवाब दो "

इन प्रश्नों का उत्तर ढूंढने के लिए
मैंने अपनी ओर देखा,
फिर आसमान की ओर .
कोई जवाब मेरे अंदर से नहीं आयी .
ऐसा लग रहा था कि,
मेरा शरीर और मेरी आत्मा
अलग - अलग दो हिस्सों में
बंटी जा रही है,
....जैसे मुझे मिर्गी का दौरा पड़ा हो.

क्या मेरा जीवन सिर्फ खुद के लिए है ?
क्या जिंदगी सिर्फ मौत की धरोहर है ?
सिर्फ मौत की धरोहर !
तो फिर जिन्दगी है ही किसलिए ?

ऐसा लगा, उसके प्रश्नों का उत्तर,
उसी की तरफ से मैं ही देने की
कोशिश कर रहा हूँ,
अपने अंदर से ढूंढ कर,
लेकिन मेरा हर उत्तर
एक नये प्रश्न में तब्दील हो रहा है.

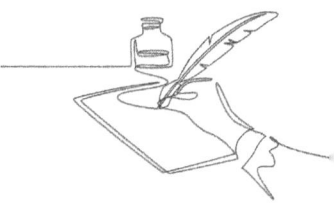

हार कर मैंने फिर से हाथ जोड़कर
आसमान की ओर देखा
हे परमेश्वर ! हे परमपिता !
मेरा मार्गदर्शन करो,
मैं अंधेरे में भटक गया हूँ.

अचानक एक आवाज
मेरे चारों तरफ कौंध गयी,
और मेरी अंतरात्मा में उतर गयी -
" पुत्र ! तुम्हारा जीवन सिर्फ तुम्हारा नहीं ,
अपने बंधुओं के लिए भी है.
यही तुम्हारा बजूद है,
और यही है तुम्हारे सृजन का अभिप्राय.
तुम्हारे दुखों का कारा। सिर्फ
तुम्हारा आत्ममोह है. "

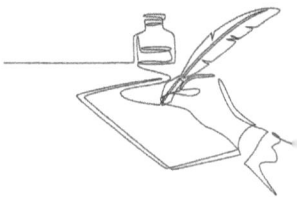

पावस ऋतु बीत चली.

भरनी नक्षत्र, शरद ऋतु,
शुभ्र, नीलाभ आसमान.
स्वच्छ, पंकमुक्त धरा पर,
पसर गया शीतल बिहान.
खेतों की ओर फिर से,
कृषकों की टोली चली.
पावस ऋतु बीत चली ।

उदयाचल पर उदयादित्य,
लेकर कुमकुम का पात्र,
उदयांतर की ओर चला,
बिखेरता केसर प्रभात.
नव निसर्ग विहंस चली ।
पावस ऋतु बीत चली.
झील के रुपहले तल पर,
क्रीड़ा में हैं लीन जलचर.
चंचल-चपल नटखट लहरें,
स्थिर नहीं हैं पल भर.
सुनहरी शाम ढल चली.
पावस ऋतु बीत चली ।

बलखाती चपल वन्या,
कृशकाय सुघड़ नारी सी,
गुनगुनाती हौले हौले,
कोई प्रेम गीत प्यारी सी.
सज धज के यह गुजरिया,
अपने प्रीतम के द्वार चली.
पावस ऋतु बीत चली ।

नभ में असंख्य तारे,
माणिक सा प्यारे प्यारे.
बन-संवर के आयी रजनी,
शरतचंद्र को निहारे.
निशी के श्रम से थकी-हारी
विभावरी भी रीत चली
पावस ऋतु बीत चली ।

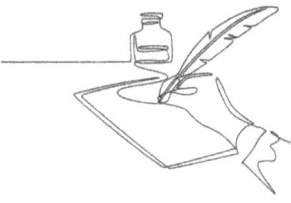

तीन तोते.

तीन दोस्त थे -
एक था हिंदू, दूसरा मुसलमान
और तीसरा था क्रिस्तान.
तीनों के पास एक एक तोता था.
तीनों तोते वाचाल थे,
लेकिन दिल से वे कमाल थे ।

हिंदू का कहना था कि
मेरा तोता राम राम जपता है.
मुसलमान का कहना था कि
मेरा अल्लाह का नाम रटता है.
और क्रिस्तान का दावा था कि
मेरा तोता सिर्फ यीशु का नाम पढ़ता है.
बात आगे बढ़ गयी ।

आपस में उनकी ठन गयी.
अपने अपने लठ्ठ लेकर
तीनों हो गये खड़े.
दोस्ती - वोस्ती भूल कर
आपस में लड़ पड़े ।

तोतों को इसकी खबर लगी.
वे मौके पर पहुँच गये.
आर- पार के मूड में,
जहाँ दोस्त थे तीनों अड़े ।

तोतों को देख एक साथ
तीनों दोस्त चौंक गये.
तीनों धर्मों के तोते,
भला एक कैसे हो गये ?

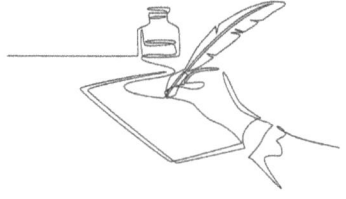

तोतों ने अपने मालिकों को
अपने ढंग से समझाया –
राम, अल्लाह या ईशु

सब एक ही हैं, बताया .
यह सही है कि हम तोते अपने
मालिकों की भाषा बोलते है ,
लेकिन एक ही सत्य को हम
कई तरह से खोलते हैं.
हम आदमी थोड़े ही न हैं,
जो बिना समझे- बुझे अड़ते हैं?
बुद्धि को रखकर ताक पर
दुश्मनों की तरह लड़ते हैं ।

वह पगली थी
(मैक्सिम गोर्की की कहानी "कालूशा" से प्रेरित कविता)

वह पगली थी.
सचमुच की पगली,
रोज शमशान में आती है,
अपने दिवंगत पुत्र की चिता भूमि को
चुमती है, सहलाती है,
जैसे वह वहीं सोया हो,
और माँ के हाथों का
कोमल स्पर्श पा कर
मधुरतम सपनों में खोया हो.
लोगों का कहना है कि
उसके बेटे ने खुदकुशी की है,
हाँ, खुदकुशी ही, और कुछ नहीं.
चलती गाड़ी के आगे कूदकर
उसने जान दे दी.
किसी ने मारा नहीं उसे.
सबको पता है असलियत !
लेकिन, गरीबी और भूख को
उसका हत्यारा कहने की हिम्मत
किसी में नहीं- प्रजा में तो बिल्कुल भी नहीं,
और राजा को यह "जुमला"
कतई बर्दाश्त नहीं.
इसलिए बहुत ही सुविधाजनक है,
जिन्दगी और मौत का यह कैफियत ,
सबके लिएलिए -
इंसानों के द्वारा किये गये
एक जघन्य हत्या को खुदकुशी बताना,
और किसी लाचार माँ को
पगली बताना .

सत्ता

बागी नहीं हैं यहाँ, आपको वहम हुआ होगा ।
भूख से बेहाल, कोई पछाड़ खा रोया होगा ।

आंखों में उसकी आयी चमक पर मत जाईये ।
चांद को भूल से वह रोटी समझ लिया होगा ।

स्वर्ग की गलियों में है इस बात के चर्चे बहुत,
तख्त के मुखालिफों को नर्क भेजा जायेगा ।

जंगलों के बीच भी सत्ता की धमक चाहिए ।
हुक्म है, वहाँ कोई शाही शेर छोड़ा जायेगा ।

परिंदे खुशहाल हैं, फिर दरबारी राग क्यों नहीं?
उनको समझाने को कोई बाज भेजा जायेगा ।

परचमों की नजर से ही दिवारों को देखो 'देव'
दरार देखने वालों को अंधा बताया जायेगा ।

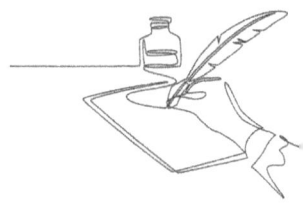

सांप और बाज
(मैक्सिम गोर्की की कहानी "आत्म-बोध" से प्रेरित कविता)

एक खून से लथपथ ,
जख्मी बाज आसमान से
लड़खड़ाते, चक्कर खाते हुए
जमीन पर बदहवास गिरा.
पंख टूट चुके थे उसके,
सांसें उसकी थम रहीं थी,
बेजान चोंच, निष्क्रिय पंजे,
आंखों के सामने मौत का अंधेरा था।
उसकी जिन्दगी और मौत के बीच,
सिर्फ कुछ पलों का फेरा था.
वहीं जमीन पर रेंगता एक सांप ने
बाज को बेबस,हताश गिरते देखा,
और अपना फन उठा कर
बड़ी बेशर्मी से मुस्कुरा कर बोला -
" कहो मेरे शत्रु, गगनचारी ,
आ गये न अपनी औकात में?
आ गयी न जमीन पर
तुम्हें भी लोटने की बारी?
मुझे हंसी आ रही देख कर
तुम्हारी दीनता और लाचारी "
मरते हुए बाज ने बड़ी हिकारत से
सांप की ओर देखा
और मुस्कुराया-
" ओ जमीन पर सड़ने वाले गलीच विषधर
तुम क्या जानों रोमांच उड़ान की,
बुलंदी की अहमियत और
विस्तार आसमान की "-

"तुमने सिर्फ डसना सिखा है,
ओ आस्तीन के सांप!
सुनो ! -
आसमान मेरा दूसरा घर है.
मैं उड़ने का सपना देखता रहूंगा
मरते दम तक, और
उड़ने के सपनों के साथ,
जिंदा रहूंगा मरने के बाद भी.
विष के सौदागर कुटिल व्याल !
तुममें और बुलंदियों के स्वप्न द्रष्टा में
बस यही तो फर्क है "

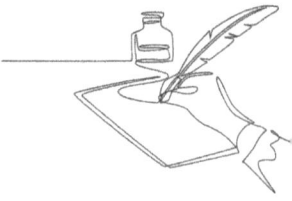

कृष्ण अगर तुम राधा होते.

श्याम मुझ से इतने अन्जाने?
जो अंतर्मन का भेद न जाने?
अश्रु में प्लावित भई गोकुल -
क्या वृन्दावन, क्या बरसाना?
बिरहन की पीड़ा पढ़ लेते,
कृष्ण! अगर तुम राधा होते ।

नयनन - निसरत सावन-भादो,
प्रियतम! प्रेम लोक मत त्यागो,
श्याम मेघ दामिनी संग डोलत,
जा रे पपीहा! पी को बतलाना.
इतने कठोर तुम नहीं होते,
कृष्ण! अगर तुम राधा होते ।

प्रेम न जाने युग-धर्म की भाषा.
प्रेम जीवन की अंतिम आशा.
बावला उद्धव प्रीत क्या जाने?
उस पथ्थर को, तुम्हीं समझाना.
आंखों की करु।ा पढ़ लेते,
कृष्ण! अगर तुम राधा होते ।

नारी तन- मन की अंतर्गाथा,
कृषा!क्या तुम समझ सकोगे?
नारी-हृदय-सिंधु में उतरना,
है सृष्टि का राधा बन जाना.
इस प्रेम-पाश से मुक्त न होते.
कृष्ण! अगर तुम राधा होते ।

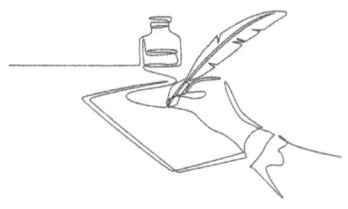

मैं और मेरा अस्तित्व

जो खाक बन के रह गया,
मैं उस हृदय की आग हूँ.
फूलों पर जो न सज सका,
मैं वह अभिशप्त पराग हूँ ।

बहारों ने जिसे मिटा दिया,
उस दुर्दिन का मारा बाग हूँ.
मैं रात्रि के अंतिम प्रहर का,
एक बुझता हुआ चिराग हूँ ।

साजों ने जिसे भुला दिया,
मैं वो भूला-बिसरा राग हूँ.
अबला की सूनी मांग का,
मैं उजडा हुआ सुहाग हूँ ।

पथ्थर पर सर को पीटता,
ठुकराया गया अनुराग हूँ .
मैं प्रेम मंदिर से बहिष्कृत,
एक रौंदा हुआ गुलाब हूँ ।

ईश्वर, धर्म और आदमी.

जब ब्रह्माण्ड का सृजन हुआ,
कोई धर्म नहीं था.
जब ब्रहमाण्ड में आग के गोले से
धरती का सृजन हुआ,
कोई धर्म नहीं था.
जब धरती धीरे धीरे शीतल हुई ,
कोई धर्म नहीं था.
धरती पर सागर बना,
वायुमंडल बना,पहाड़ बने,
कोई धर्म नहीं था.
जब धरती पर सुक्ष्म जीव उत्पन्न हुए,
कोई धर्म नहीं था.
सुक्ष्म जीव से विकास क्रम में ,
अनेक उच्च वनस्पति और जन्तु बने,
कोई धर्म नहीं था.
सभी जीव ज़ंतु आराम से विचरते थे,
किसी ईश्वर और धर्म को नहीं जानते थे.
... लेकिन अंततः आ ही गया वह जीव-
दो पैरों पर चलने वाला आदमी,
जिसके गु।।सूत्र में ही था भय-
मृत्यु का भय.
समस्या यहीं से शुरू हो गयी.
आदमी ने आविष्कार किया-
सबसे पहले ईश्वर का ,
फिर उसके बाद धर्म का.'
और तब वही हुआ जो होना था.
विकास क्रम उलटी दिशा में चल पड़ी,

(जिसकी कल्पना डार्विन ने नहीं की थी)
और तब से आदमी जोर शोर से, फिर से ,
चार पैरों पर चलने की तैयारी में लग गया,
जो अब भी बदस्तूर जारी है.

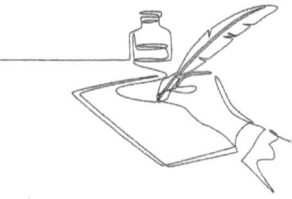

करते हैं मेरा इंतजार अखबार की तरह
मिलने पर पेश आते हैं हथियार की तरह ।

दामन में छुपा रखे हैं न जाने कितने शूल
पर होठों पर ताजगी है ,गुलनार की तरह ।

लफ्जों में उनकी नमी है जैसे कि नवबहार
तर्जुमा में उनकी धार है तलवार की तरह ।

वे उपदेश दे रहे हैं,जैसे कि हैं कोई मसीहा
पर दिल में जहर पाले हैं मक्कार की तरह ।

भरोसा दिला रहे थे कि, वे ही हैं तारनहार
पर बेड़ा डुबो गये कठिन मझधार की तरह ।

हुंकार भर रहे थे ,वह जैसे कि बब्बर शेर
मांगी मदद तो छुप गये सियार की तरह ।

ऐसे संगदिल से क्यों दिल नवाजी 'देव'?
बुत बना दो इनको कुहसार की तरह.

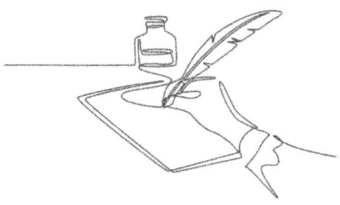

कहानियों के जंगल में.

कहानियों के जंगल में घुसा मैं
तलाशने एक नयी कहानी-
सुनना चाहता था मैं,
पुष्पों, लताओं और वृक्षों के से,
वसंत के आने और
फिर लौट जाने की कहानी.
सुनना चाहता था पतझड़ की लूट,
और आग्नेय गृष्म की कहानी.
सुनना चाहता था, उस किवदंती के बारे में,
जब सरिता में बहा करता था
पानी की जगह दूध,
और उस दौर की कथा भी ,
जब एक एक बूंद को तरस कर मिटा था
जंगल के सबसे बड़े बरगद का वजूद.
सुनना चाहता था खुद शेर के मुंह से-
कैसी चल रही है उसकी सल्तनत ?
सुनना चाहता था हिर।ों की जुबानी,
अपने राजा के तानाशाही की कहानी.
कोयल से जानना चाहता था-
क्या उसे अब भी है कूकने की आजादी?
पूछना पपीहे से भी था-
सावन की बूंदों से सिक्त ,
नयन भरे, हृदय रिक्त.
क्या आंसुओं पर पहरे हैं अब भी?
या खुलकर गा सकती है वह विरह गीत.
मोर से सुनना चाहता था-
पावस की घटाओं से विभोर,
क्या अब भी वह कर लेता है ?
जंगल में निर्विघ्न नृत्य ?
बाघ, तेंदुए, चीते, भेड़िये-

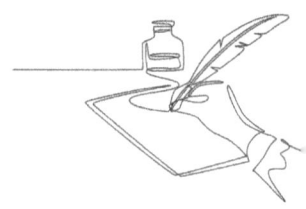

इन सब से पूछना था -
तुमलोग इतने खुश क्यों हो?
माना तुम सब भी शिकारी हो,
लेकिन शेर के आगे तो
तुम सब भी तो दीन हीन भिखारी हो!
मुझेको अपने बीच देखकर
जंगल के सभी जानवर एकत्र हुए
और बोले- सुनो ऐ अजनबी!
तुम्हारे दिमाग में है
किस बात की खलबली?
जंगल में चलता है, जंगल का कानून ही.
जंगल का राजा होगा तो शेर ही .
एक शेर जायेगा, तो दूसरा शेर आयेगा.
प्रजा की शोर से क्या शेर बदल जायेगा?
गोस्त के बदले क्या पालक-पनीर खायेगा?
और शेर तो शेर ही है भाई,
किसी को मार कर ही खायेगा.
कोयल हो,मोर हो, या हो लकड़बग्घा.
आज नहीं तो कल,
शेर का निवाला बन जायेगा.
जंगल की दुनिया है,
लेकिन सत्य यह रूहानी है.
कहानी के जंगल की बस
इतनी सी कहानी है.

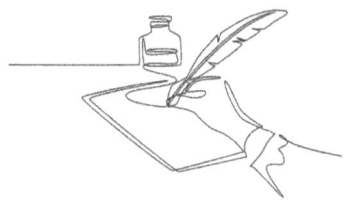

पिता.

पितृ दिवस पर मैंने भी सोंचा
एक अच्छी सी कविता लिखूँ ।
मैं लिखता गया, लिखता गया,
अपने जीवन में उनके योगदान के बारे में.
कागज कम पड़ गये.
मैंने धरती पर लिखना शुरू किया.
धरती भी छोटी पड़ गयी.
मैंने आकाश पर लिखना शुरू किया.
विस्तृत आकाश भी
अपनी लघुता का एहसास करा गया.
अब मेरे पास लिखने के लिए
सिर्फ मेरा देह और मेरी आत्मा थी.
लेकिन,मैं लिखता भी तो कैसे लिखता ?
मेरा देह और मेरी आत्मा भी मेरा कहाँ?
पिता का प्रतिबिंब भर ही तो है,
पिता एक प्रकाश पूंज सूरज,
और प्रतिबिंब कभी प्रकाश पुंज पर
कविता नहीं लिख सकता.

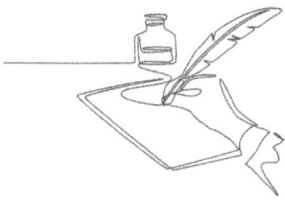

निम्नांकित कविता टौड हेनरी की पुस्तक “ डाई इंम्पटी “ के संदेश पर आधारित है. लेखक को किसी ने पूछा - दुनिया की सबसे समृद्ध धरती कहां है ? लेखक ने कभी तेल कुंआ, तो कभी सोने-चांदी और हीरे का खदान बताया. प्रश्नकर्ता ने कहा- यह सब कोई नहीं. सबसे समृद्ध धरती है कब्रिस्तान, जहाँ लोग अपने उच्चतम ज्ञान, विचार और अनुभवों को दुनिया से साझा किये बिना मर कर दफन हैं, और उनकी यह समृद्धि उनके साथ ही उनके कब्र में पड़ी है. इस विचार ने लेखक को हिला कर रख दिया, और यही उनके उपरोक्त पुस्तक के लिखने के पीछे की प्रेर।ा रही. पुस्तक का यह भाव मुझे पसंद आया, इसीलिए मैं उसका काव्यात्मक भावानुवाद कर प्रस्तुत कर रहा हूँ. उम्मीद है आपको भी पसंद आयेगा-

रिक्त होकर मरो .

वह सब सर्वोत्तम जो तुम्हारे अन्दर है,
उसे लेकर कब्र के अन्दर मत जाओ.
उससे रिक्त होकर मरना चुनो.
तुम्हारे अंदर जो सारी अच्छाईयां हैं,
उन्हें रिक्त करके मरो.
इसके पहले कि तुम
दुनिया को छोड़ कर जाते हो,
उन्हें इस दुनिया को दे डालो .
अगर तुम्हारे अंदर कोई विचार है,
तो उसे क्रियान्वित कर डालो.
अगर तुम्हारे अंदर ज्ञान है,
तो उसे बाहर निकालो .
अगर तुम्हारा कोई लक्ष्य है,तो प्राप्त कर लो.
प्यार को साझा करो और सबमें बांट दो.
अपने अंदर मत रखो.
बांटना शुरू कर दो.
अपने अंदर की अच्छाई के
एक एक परमा।ु को मन के अंदर से
निकालो और फैला दो.
रिक्त होकर मरो.

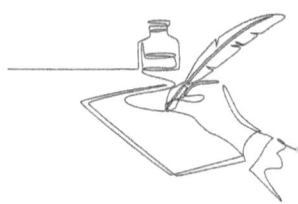

एक नदी की हत्या.

हमारे बुजुर्ग बताते थे कि हमारे गांव से
होकर गुजरती थी एक नदी,
उसमें बहता था
स्वच्छ, शीतल, चंचल, अपार पानी
जैसे पिघली हुई चांदी.
जीवन दायिनी थी वह नदी.
हरे भरे बाग, खेत, वन –उपवन
सबका प्रतिपालक थी वह नदी.
मैं बुजुर्गों की बातों को
आदर सहित सुनता था,
परंतु उस पर मुझे संशय था,
कि यहाँ कोई नदी थी भी क्या?
क्योंकि अब वहां है सिर्फ उजडा हुआ गाँव
बंजर हुए खेत, ठूंठ हुए पेड़,
उड़ता हुआ बालू , और
मरे जानवरों के शवों पर
उमड़ते असंख्य गिद्ध.
लेकिन कहीं नहीं है नदी .
मेरे गांव की विलुप्त हो चुकी
पौराणिक "सरस्वती" !
हमें अपने बुजुर्गों की बातों पर संशय था,
... लेकिन आने वाली पीढ़ियों को
कोई संसय नहीं होगा.
वे पक्का यकीन करेगीं कि ,
हमने ही सोख ली है जीवन की धारा .
हमनें ही हत्या कर दी है नदी की, सरेआम,
सिर्फ हमने, सिर्फ हमने, सिर्फ हमनें.

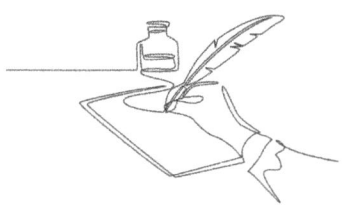

मुद्दे जो जिन्दगी के थे, राह में ही खो गये,
दरबान दर हकीकत अब दरवेश हो गये.

जुमलों की रोटियों से भरता है कहाँ पेट?
इस देश के सब रहनुमा अंग्रेज हो गये.

रहमत की बारिशों में बरसा रहे हैं आग,
अब आसमां वाले भी गिरहबाज हो गये.

कबूतरों को दे रहे, अहिंसा का महा ज्ञान,
क्या जंगल के बाज शाकाहारी हो गये ?

जम्हूरियत का जाल है, समझा भी करो देव,
डाला था शेर के लिए, खरगोश फंस गये.

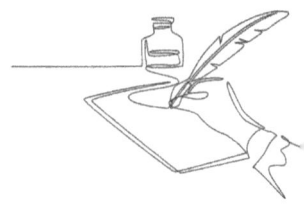

ख्वाहिशें

एक अमीर ने बनवाया,
शहर में सबसे ऊंची इमारत ,
ताकि उसके शिर्ष पर खड़े होकर वह
पूरे शहर का गर्व से मुआयना कर सके,
और सीना तान कर
आसमान को बता सके कि,
वह बराबरी में खड़ा है
उसके समक्ष.
और यह भी कि ,
और धरती पर कोई नहीं ऐसा,
जो है उसके समकक्ष .
उसकी ख्वाहिशें इससे भी बड़ी थी,
इतना कि उसके आगे
धरती भी छोटी थी ,
और आसमान बौना था.
एक दिन वह मर गया,
उसी इमारत के निकट कब्रिस्तान में
धरती से तीन फीट नीचे दफ्न हो गया.
आज वही लोग जिसे वह
लिलिपुटियन समझता था,
गुजरते हैं उस रास्ते से,
जिसमें उसकी कब्र पड़ी है-
और अनुमान लगाते हैं कि,
उसके कब्र पर उगी हुई घास -
लाश के साथ सड़ती हुई
उसकी ख्वाहिशों से ,
कितनी ऊंची है ?

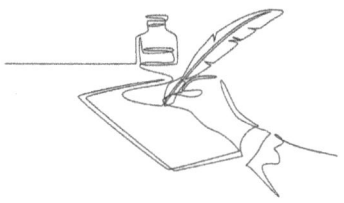

सर्प सभ्य बन गये !

आदमी ने खोज लिया
दंश का समाधान .
सर्प के ही विष से
विष का निदान .
सर्प पालतू हुए ,
फुंकार फालतू हुए ,
निष्प्रभ, निरीह सर्प से
भला अब कौन डरे!
सर्प अब समझ गये ,
यथार्थ तक पहुँच गये ,
उनसे से भी जहरीले
आदमी हैं बन गये.
सर्पों ने मान लिया,
आदमी को अपना इष्टदेव.
अब नाग देवता नहीं,
देवता है आदमी.
खुद से हजारों गुणा
विषाक्त विषपुरुष की,
अब सांप की वंशावली,
उतारती है आरती.
विष ग्रन्थि छुपा लिए,
विष दंत को कर नेपथ्य में
सर्प उपदेशक बन गये!
मसीहा के वेश में.
सर्प सभ्य बन गये,
वक्त को समझ गये,
बस्ती, बियाबान छोड़ ,
शहर में आकर बस गये.

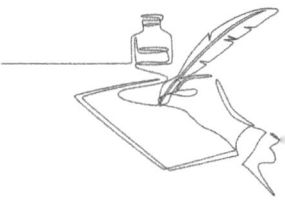

पंछी आदमी बन गये है.

बैशाख की तपिश अपने चरम पर है.
चारों तरफ गर्मी से त्राहिमाम.
मैं रोज शुबह रख आता हूँ,
अपने छत की मुंडेर पर,
पानी भर कर मिट्टी का
एक बड़ा सा कटोरा,
प्यास से बिलबिलाते पंछियों के लिए,
और साथ में अनाज के कुछ दाने भी.
पास ही छत पर हमने लगाये हैं,
गमलों में कुछ मौसमी फूल और पौधे-
जिनिया, कोचिया और सूरजमुखी...
फूलों से बस इतना ही संबंध है मेरा कि,
उनसे से मिल जाती है,
हर शुबह कुछ मुस्कुराहटें ,
दिये बिना कोई मोल .
पंछीग।ा आते हैं,
दाने खाते है,पानी पीते हैं,
और जाते जाते नोच जाते हैं,
मेरे पौधों की कुछ पत्तियाँ और फूल.
मैं सोंचता हूँ, पंछियों को क्या हो गया है?
क्या मेरी सदाशयता का
उन्हें कोई लिहाज नहीं ?
ये पंछी भी कितने कृतघ्न बन गये हैं ?
आदमी के साथ रहते रहते
आदमी बन गये हैं ।

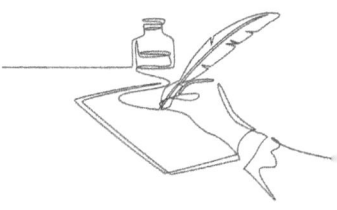

कुड़ादान

नुक्कड़ पर पड़ा हुआ कूड़ादान !
डाल जाते हैं मुहल्ले के लोग -
उसमें अपने अपने घरों के कूड़े,
कूड़ेदान को इससे कोई फर्क नहीं पड़ता
कि उसके अंदर कूड़ा डालने वाले का
मजहब ,रंग या उसकी जाति क्या है?
पर दिमाग का कूड़ा ?
लोग खूब संजो कर रखते हैं,
कीमती धरोहरों की तरह ,
अपने दिमाग के अंदरखाने में,
जो सड़ता है ,बजबजाता है,
उसकी बदबू बाहर तक आती है
गाँव,बस्ती और सारे शहर में फैल जाती है
अब प्रश्न उठता है-
कौन है बड़ा कूड़ादान ?
सड़क पर पड़ा हुआ कुड़ादान ?
या फिर आदमी का दिमाग?
सड़क के कूड़ेदान के कूड़े का
निष्पादन तो हो भी जाता है गाहे- बगाहे,
लेकिन दिमागी कूड़ेदान का कूड़ा ?
नफरत का संक्रम।ा फैलाने वाले
वैचारिक कूड़े का निष्पादन
कभी नहीं हो पाता ,क्यों कि
कुड़ेदान को अपने कुड़े से ही प्यार है.
समस्या यही है ।

दिल में कहीं उतर गये, जख्म गहरे कर गये,
मुहब्बतों के कश्मकश में तीर कुछ ऐसे चले ।

कौन पूछे मौसमों की बदमिजाजी का सबब
फूलों की बस्ती में,बहारों के सितम ऐसे चले ।

बादलों को देख कर बरसात का उन्मान था
गाज गिरी ऐसी कि सावन को हम भूल गय ।

कस्तीबां था, कश्ती थी, हाथ में पतवार था,
तूफां से बच गये,साहिल पर आकर डूब गये

हमनवां कौन है, हमदम किसे मानेगा" देव"
राहजन से बच गये, रहबर के हाथों लुट गये ।

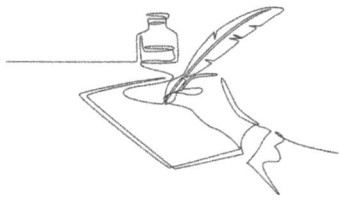

बापू जी का चौथा बंदर.

बापू जी के तीन बंदर थे –
यह आप सब को पता है,
और जिसको बापू जी के
बारे में पता है, उन्हें इन
बंदरों के बारे में भी जरूर पता है.
वही तीन बंदर–
जिसमें से पहला सुन नहीं सकता था,
परंतु देख और बोल सकता था.
दूसरा देख नहीं सकता था,
परंतु सुन और बोल सकता था.
और तीसरा बोल नहीं सकता था,
परंतु सुन और देख सकता था.
वक्त बदलते गया, और
वक्त के साथ बदलती गयीं
बंदरों की नस्लें भी ,
और फिर चमत्कार हुआ.
उतर आया आसमान से बापू जी का
चौथा उत्परिवर्तित बंदर .
उसमें कुछ गणसूत्र शुरखाब के थे,
जो मानते हैं कि रेत के अन्दर
सर गाड़ लेने से तुफान टल जायेगा.
उसमें कुछ गुणसूत्र टिटहरी के भी थे,
जो टांग उपर करके इस दंभ में सोती है,
कि अगर आसमान गिरा
तो उसे थाम लेंगे अपनी टांगों पर,
क्योंकि,
ईश्वर ने उसकी योग्यता को देखकर ,
उसे ही आसमान थामने की
जिम्मेवारी सौंपी है.
यह नयी नस्ल सिर्फ

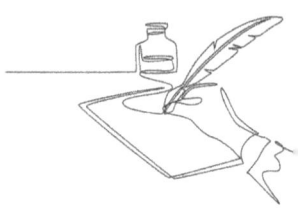

अपने काम की बात सुनती है.
अपने काम की चीज देखती है.
और सिर्फ अपने फायदे के लिए बोलती है.
वर्ना अपना कान, आंख और मुंह ,
एक साथ बन्द रखती है.
आप में से कई लोग उसे
लोकतंत्र का चौथा खंभा कहते हैं,
बाकि लोग उसे वक्त के साथ
उत्परिवर्तित ,
बापू जी चौथा बंदर .

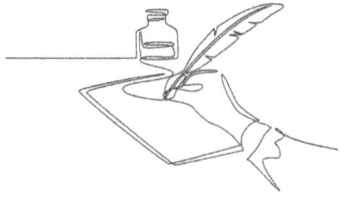

चूहा, बिल्ली और घंटी.

इतिहास गवाह है कि,
चूहों ने बार बार योजना बनायी,
बिल्ली के गले में घंटी बांधने की,
पर चूहों की मंशा कभी
सफल नहीं हो पायी ।

यह जटिल प्रश्न
बना का बना ही रहा कि,
बिल्ली के गले में घंटी
बांधे तो बांधे कौन?
इस प्रश्न पर आम और खास -
सारे चूहे रहे मौन ।

समस्या यह नहीं है कि,
बिल्ली कितनी चालाक
और कितनी अत्याचारी है?
समस्या यह है कि
बिल्लियों के विरूद्ध
कभी एक न होना चुहों की,
सबसे बड़ी लाचारी है ।

सहमति न होने से हताश चूहों ने
बचने की एक तरकीब निकाली.
हर चूहे ने खुद ही अपने गले में
एक एक घंटी डाल ली -
यह सोंच कर कि
बिल्ली अगर आयी तो घंटी बजा देंगे.
साथी चूहों को मदद में बुला लेंगे.
लेकिन बिल्लियों को मालूम था-
चूहों की रक्षा में कोई चूहा

कभी होता ही नहीं मददगार.
घंटी की आवाज पर
बिल्लियों के लिए अब ,
और भी सहज था ,
एक एक कर सभी चूहों का करना
बेरहमी से शिकार ।

जो मिल जाता तेरा प्यार

खिल जाता यूँ ही हरसिंगार,
कली में आ जाता नव उभार ।
श्री हीन हो चुके द्रुम दल पर,
रस बरसाता फिर से बहार ।
   जो मिल जाता तेरा प्यार

मन के संताप पिघल जाते,
प्यासे दो नयन छलक जाते ।
मिलने को आतुर दो नदियाँ,
मिल कर हो जातीं एक धार ।
   जो मिल जाता तेरा प्यार

फूलों से राह सजा लेता,
पथ में वसंत को ले आता ।
तेरी कदमों की आहट पर,
गा उठता कोयल बार बार ।
   जो मिल जाता तेरा प्यार

होठों पर हास पसर जाता,
अंतः का घाव तब भर जाता ।
आलिंगन तेरा मैं कर लेता,
उर द्वार खोल, बांहें पसार ।
   जो मिल जाता तेरा प्यार

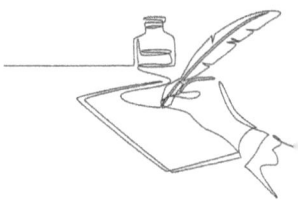

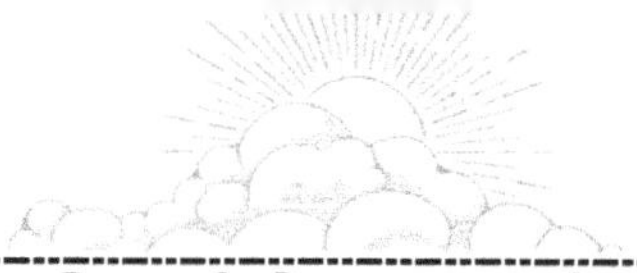

निसर्ग के आंगन में.

नव वसंत और मंद गंधवह ,
शांत,सघन और विस्तृत वन ।
वन्या का बहता चंचल जल,
निर्मल,नव यौवन से भरपूर ।

विखेर डाला प्राच्य गगन पर,
नटखट बाल रवि सिंदूर ।
पंछीग।। ये उड़ उड़ ऊंचे ,
निकल गये हैं कितनी दूर !

एकाकी मैं,सम्मुख मेरे
पर्वत श्रृंग खड़ा है शांत.
मैं उसको ,वह मुझे देखते,
थके न हम ,न मन से दूर ।

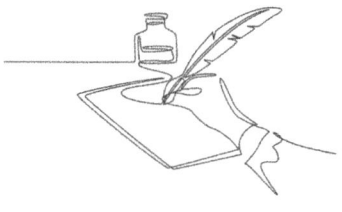

जाड़े की एक शुबह

जनवरी की शुबह,
हाड़ कंपाती ठंढ.
शीतलहरी में कांपते,
कुहासे की क्रोड में दुबके,
सड़क के किनारे पंक्ति में
खड़े आस पास.
निःशब्द, अचल, अस्पृत,
शिशिर के प।पाती अमलतास.
ओस की रुपहली मोतियों
की चादर ओढ़ कर ,
अबतक गहरी नींद की आगोश में ,
धरती के बिस्तर पर
लेटी हुई निष्प्रा।ा सी,
लगाये हुए सुर्योदय की आस.
मैदान की हरी-पीली -सुनहरी घास.
नुक्कड़ की चाय की दुकान पर,
मिट्टी के प्याले में, सोंधी ,
गरम गरम चाय की चुस्की लेते ,
शुबह की सैर में मेरे साथ निकले,
" महाधूर्त और काईंया " किस्म के
मेरे जिगरी दोस्त.
मुझे अपने दुखों के बारे में
कभी सोंचने ही नहीं देते.
कमीने कभी सुधरेंगे नहीं,
इस मुकाम पर भी
मेरी उम्र बढ़ने ही नहीं देते.

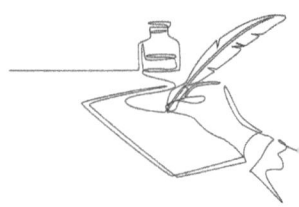

जहरीली हवा अब लौट भी जा.

बस्ती सूनी, जैसे मरघट,
सूने नदियों के शीतल तट,
आंगन सूना, सूना पनघट,
मैं कैसे भरूँ जीवन का घट ?
अब बहुत हुआ पथ से हट जा.
    जहरीली हवा! अब लौट भी जा.

ठिठका वसंत, विखरे प्रसून,
मिट गये चमन के रखवाले.
अमृत सारे निष्प्रभ हो गये,
क्यों जग में विष ऐसे डाले?
जल चुके नगर को फिर न जला.
    जहरीली हवा! अब लौट भी जा.

मैं शिव तो नहीं, विष पी जाऊँ,
मृत्यु में निज को अमर पाऊँ.
मृत्यु अक्षत, क्षतविक्षत धरती ,
यह सत्य किसे मैं समझाऊँ ?
ऐ झंझावात! अब थम भी जा.
    जहरीली हवा! अब लौट भी जा.

झील के किनारे जाड़े की एक शुबह.

उदयाचल के क्षितिज पर
अरूनाभ बिस्तर से,
हल्के से धरती की ओर
सफेद, मुलायम, स्निग्ध,घने कोहरे
की रजाई से ,
अलसाई तिरछी नजरों से झांकता ,
रक्ताभ रेशमी किर।ों की डोर के सहारे ,
विभावरी की इति से धीरे धीरे जागता,
जाड़े की प्रभात का सूरज.
झील के शांत जल -कपोल- इंदीवर का
बाल अरू।ा की आपतित
किर।ों के प्यार भरे स्पर्श से,
शर्म से लाल हो जाना-
हर शुबह सृष्टि की जैसे एक
नयी शुरूआत!
झील की धुंधली सतह पर शनैः शनैः
रेंगती मछुआरों की कृशकाय नौकाएं,
भोजन की तलाश में निम्न आकाश में उड़ती जल पक्षियों की पंक्तियाँ,
तृ।ा पत्रों पर विनष्टी के इंतजार में
अबतक टिके ओस विन्दु,
अपने अपने खेतों की ओर
जाते हुए कृषक वृन्द.
प्रकृति का संगीत यहां ,
ब्यक्त से कहीं अधिक अव्यक्त!
अलग ही तरीके के जीवन दर्शन को
समझाती है ,बहलाती है यह शुबह,
झील के किनारे जाड़े की यह शुबह.

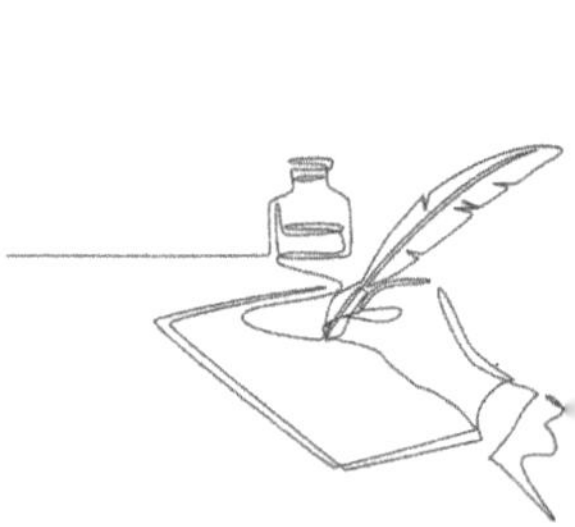

लकड़हारे की कुल्हाड़ी ।

लकड़हारों की कुल्हाड़ी में
लकड़ी की बेंट देखकर
खुश हुए जंगल के दरख्त-
"लकड़हारों के बीच भी है
अपनी रहनुमाई.
लकड़हारों की करें हम इज्जत अफजाई.
लकड़हारे हैं अपने ही भाई ".
दरख्तों का यह भ्रम जल्दी ही टूट गया,
जब लकड़हारे लकड़ी की बेंट लगी
कुल्हाड़ी से एक एक कर
करने लगे दरख्तों की कटाई.
आप ने सुनी होगी यह कथा.
देश के लिए कुछ भी न देने वाले
विदेशी नागरिकों -
सुन्दर पिचाई, सत्य नडेला, पराग अग्रवाल,
आदि की उपलब्धियों पर
झक झूमर करने वाले " दरख्तों " -
याद रखना ये लकड़हारों
की कुल्हाड़ी के बेंट हैं,
और तुम " चुतिये" दरख्त हो.
हालांकि इस शब्द का अर्थ मुझे
नहीं मालूम.
देश में रहकर लाखों रोजगार ,
और अरबों का धन
सृजन करने वालों को विला वजह
गरियाने वाले किसी चूतिये के
शब्दकोश में इसे ढूंढ लेना.

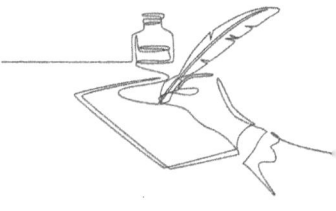

मुक्ति

विनष्टी के गर्भ में ही सृष्टि का बीज पलता है,
जैसे पतझड़ के दामन में ही वसंत पलता है ।

सड़ते हुए पत्ते गिरते ही हैं, वे अमर्त्य नहीं,
जर्जर हो चुके मर्त्यों का अंत यही होता है ।

बरसते आग का मौसम होता है स्थायी नहीं,
बरसेगा ही मेघ, सावन जेठ का बंदी नहीं ।

रौशनी कौंध जायेगी प्रभात को आने तो दो,
बहुत कठिन है रात, फिर भी इसे टिकनी नहीं ।

धरती पर हलचल मची, आकाश में है खलबली,
आंधी में तब्दील होते, हवा का रुख देख लो ।

उड़ जाएंगे सूखे हुए पत्तों के माफिक तख्त भी,
मुक्ति के तुफां की ताकत अपनी आँखों देख लो ।

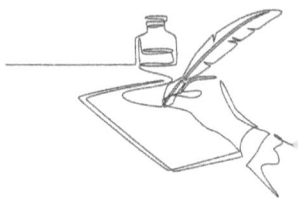

न पीने की कसम

मैं कसम खाता हूँ –
मैं प्याले को हाथ भी नहीं लगाऊंगा.
शराब को लबों तक हरगिज नहीं लाउंगा.
मैं आप सबको भी यही कसम दिलाऊंगा.
जाम छलकेंगे अब नहीं मेरे शहर में,
हराम होगी मयकशी,
वीरान होगा मयकदा,
रोऐंगी साकियां जार- बेजार.
शराब मुक्त होगा मेरा बिहार.
हाँ, शराब और सिर्फ शराब !
क्योंकि शराब बंदी मेरी जिद्द है,
इसलिए कि बाबा ने यही कहा था.
पटना जंक्शन पर रोटी पर डेन्ड्राइट
लगाकर खाते नौनिहाल,
नशा के लिए पीते कफ सीरप,
हर नुक्कड़ पर खुलेआम
बेचते, खरीदते और सुंघते अफीम,
और उड़ाते चिलम से धुआं के
गोल गोल छल्ले.
नशे के कारोबारियों का
बिहार में है बल्ले बल्ले!
, , ,

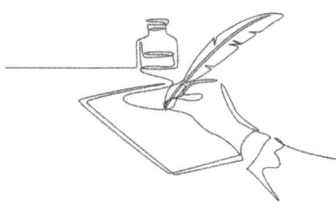

असत्य पर सत्य की जीत.

असत्य पर सत्य की जीत होती है,
परंतु यह बात तभी सही है जब
कोई सत्य के पक्ष में खड़ा होता है,
सत्य के लिए लड़ता है, मरता है,
अपना सबकुछ बलिदान करता है,
बर्ना सत्य नहीं असत्य भी जीतता है ।

सत्य कोई सूरज की रोशनी नहीं,
जो हर जगह एक जैसा चमकता है ।
सत्य कोई बारिश का पानी भी नहीं,
जो हर जगह बे रोक -टोक बरसता है ।
सत्य का पौधा तभी फलता फूलता है,
जब कोई दृढ़ प्रतिज्ञ सत्यार्थी उसे,
अपने खून और पसीने से सींचता है ।

असत्य पर सत्य की जीत
पक्की होती है ,
श्री राम के धनुष के टंकार से ।
प्रार्थना से ही सत्य स्थापित होता,
तो सागर मार्ग दे देता प्रेम से,
राव।। लौटा देता, सर झुका कर
मां सीता को आदर सहित,
फिर सत्य की जीत के लिए
यह महा संग्राम ही क्यों होता ?

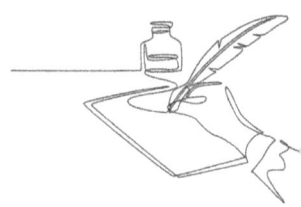

जमीन ही अपनी है

शिखर पर चढ़ने की ललक में
आदमी खुद को खपाता है ,
सबकुछ दांव पर लगाता है,
बेतहाशा भागता हुआ
शिखर पर पहुँच तो जाता है,
लेकिन आपने सुना है क्या ?
कि शिखर पर कोई
अपना घर बनाता है ?

आसमान की बुलंदियों पर
उड़ने वाला शोख परिंदा,
बादलों की शोहबत में
टिकेगा कितनी देर तक ?
शून्य सम्हालता है किसको ?
पंखें साथ देतीं हैं कबतक ?
चाहे उड़ ले जितनी ऊंची,
अंततः जमीन पर ही आता है ।

रहते हैं पुष्प शाखाओं पर,
किसलय समूह से रक्षित-
अक्षत, अनाघ्रात, अस्पृष्ट,
पर जिन पुष्पों को तोड़ कर वृन्त से ,
माला में गुंथा जाता हैं,
फिर बड़ी श्रद्धा उसे देवों के
मस्तक पर चढ़ाया जाता है,
उन पुष्पों को अंततः उतार कर,
नालियों में ही बहाया जाता हैं ।

बेलगाम राजा

मैंने तो सिर्फ इतना कहा था कि,
बाग में एक खूबसूरत फूल खिला है.
जिसकी खुशबू हवा में फैल रही है-
उन्होंने ने मेरे हाथों में डाल दी हथकड़ियां ,
क्योंकि राजा को यह फूल ही
पसंद नहीं था ।

मैंने तो सिर्फ इतना कहा था कि,
कोयल की कूक में,
वसंत के आने की आहट है.
उन्होंने कोयल की जबान खींच लेने का
हुक्म दिया ,क्योंकि,
राजा को लगा कि कोयल की कूक में,
बगावत की बू हैं ।

मैंने तो सिर्फ इतना कहा था कि,
अंधेरा खत्म होने वाला है.
दिखने लगी है, पुरब क्षितिज पर
मद्धिम सी उभरती हुई लाली.
उन्होंने आसमान को ही
पूरी तरह ढक देने का हुक्म दिया,
क्योंकि उन्हें दिख रहा था इसमें
अपनी निरंकुश सत्ता के विरुद्ध,
एक उभरती हुई क्रांति ।

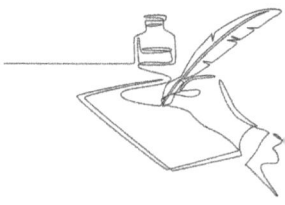

मैंने तो सिर्फ इतना कहा था कि,
आसमान में घिर आयीं हैं
सघन काली घटाऐं.
कड़क रही है बिजली,
होने ही वाली है जोरदार बारिश.
उन्होंने ने इसे अपने विरुद्ध
युद्ध घोष।ा समझा, और
बहा डाली खून की नदियाँ,
करा डाली गोलियों की बारिश ।

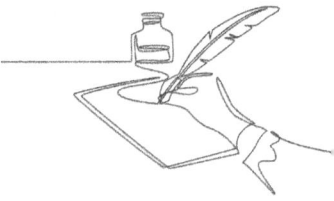

अपने हिस्से का युद्ध.

आसमां सिमट रहा, चांद गगन से मिट रहा,
नीरद में नीर अब कहाँ, शोला है बरस रहा,
धरती तिमिर के पाश में, प्रकाश पुंज लुप्त है.
जो सूर्य खुद ही छुप गया,
    उसकी तलाश किस लिए ?

प्रपंच की बिसात है, अंधे का यहाँ राज है.
गांडीव कहीं फेंक कर, द्युत में रमा कौंतेय है.
योद्धा सारे गौा हैं, जिन्हें बोलना था मौन हैं,
फिर द्रौपदी के हाल पर ,
    वृथा विलाप किस लिए ?

नदी जहाँ ठहर गयी, समझो कि वह मर गयी,
संघर्ष विमुख कौमें , न जाने कितने मिट गयीं
अपने हिस्से का युद्ध, वह नस्ल जो लड़ी नहीं,
मिटने पर ऐसे नस्ल के,
    आंसू बहाना किस लिए ?

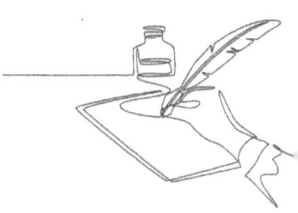

फिर ऐसे सपने क्यों बार बार आते हैं ?

फिर ऐसे सपने क्यों बार बार आते हैं ?
धरती पर स्वर्ग होगा,
खुशी का उपसर्ग होगा ,
प्रेम की गंगा बहेगी,
नहीं कोई भूखा होगा.
अंबर से बरसेगा अमृत,
सब दुखों का अंत होगा.
पर,नींद खुलने पर क्यों,
हर बार बिखर जाते हैं ?
फिर ऐसे सपने क्यों बार बार आते हैं ?

न कोई अवसाद होगा,
न्याय फिर आबाद होगा,
बुलबुल आजाद होगी,
कैद में सैयाद होगा.
तारों के देश में,
परियों का राज होगा.
पर हर बार सपने मेरे,
क्यों दगा दे जाते हैं ?
फिर ऐसे सपने क्यों बार बार आते हैं?

एक नहीं, दो नहीं,
भाई कईं हजार होगें.
बेटियों की रक्षा हेतु
करु।ामय संसार होगा.
तब रक्षा बंधन तो बस,
महज एक त्योहार होगा.
पर मेरे सपने क्यों,
सपने ही रह जाते हैं?
फिर ऐसे सपने क्यों बार बार आते हैं ?

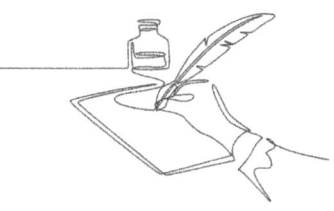

विरोध भी एक धंधा है

न तो कोई अंध भक्त,
न कोई अंध विरोधी है,
वक्त के साथ सबके,
बस बोल बदल जाते हैं ।

दरबार के साथ बदल
जाते हैं दरबारी भी,
हवा बदलने के साथ
मौसम सा बदल जाते ह ।

जो कल के थे विद्रोही ,
आज के दरबारी हैं.
मौका मिलते ही सबके
पाले बदल जाते हैं ।

कल का जो अर्नब था,
आज का रवीश है,
पूंछ हिलाने के सिर्फ
अंदाज बदल जाते हैं ।

विरोध भी एक धंधा है,
इतना है उनको भी पता,
सतरंज के प्यादों के सिर्फ
चाल बदल जाते हैं ।

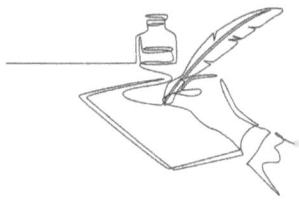

गिद्ध

तैरती लाशों के ऊपर
मंडराते असंख्य गिद्ध ।

खूंखार तेज पंजे,
और घातक हैं इनके चोंच,
गजब की उर्जा से
लबरेज हैं ये गिद्ध.

लाशों को कुरेदते हुए ,
उनकी आंखों को नोचते हुए,
उत्सव मनाते हुए
आये हैं ये गिद्ध ।

ऐसा नहीं है कि सिर्फ
निर्जन बियाबान से,
आबाद बस्तियों से भी
यहाँ आये हैं ये गिद्ध ।

कैमरे अपने साथ लिये,
आये हैं ये गिद्ध.
केवीन कार्टर के दर्शन को
आत्मसात कर आये हैं ये,
आपदा में अवसर तलाशने
आये हैं ये गिद्ध ।

लाशों की नुमाइश में ,
अपनी अन्तरात्मा को,
खुद ही सरे बाजार लेकर
आये हैं ये गिद्ध ।

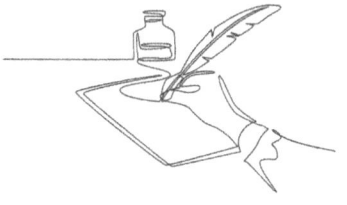

फिर आज एक पुष्प बिखर गया।

पतझड़ की रातों की तंद्रा,
आंखों में अधूरे स्वप्न लिए,
बोझिल प्रभात,लथपथ सूरज ,
एकाकी में गुमसुम पलास,
देखा उसको तो सिहर गया,
फिर आज एक पुष्प बिखर गया ।

दुर्दांत हवाओं का रेला,
यह द्रुम न जाने क्या क्या झेला ?
जीवन-पथ या कि अग्नि-पथ पर !
खाई थी जिसने जीने की शपथ,
वह बीच मार्ग क्यों भटक गया ?
फिर आज एक पुष्प बिखर गया ।

इस सृष्टि-विनष्टी के अंतराल में,
यह ठहर गया मधुमास कहाँ ?
यह प्रा।वायु अब कहाँ गया ?
इस महा द्वन्द्व के अंधकार में,
पिंजरे से पंछी निकल गया।
फिर आज पुष्प एक बिखर गया ।

नया करोना,ज्यादा रोना ।

दाढ़ी से भी निकल गया,मफलर से भी फिसल गया,
वह जाते जाते थम गया, फिर लौट कर मचल गया ।

मामा जी सोंचते रहे, भांजा दूर तक बहक गया,
काल बनके आया था , महाकाल तक पहुँच गया ।

नाचने में हर्ज क्या है ? चाहे जितनी मर्जी नाचिये,
जो निपट गये सो मूर्ख थे! अपनी साख तो बचाईये ।

ईश्वर का अपना ही देश, तो अब कहाँ लूंगी को काम,
चाचा ने भेजा है यमदूत तो,उसको करें लाल सलाम ।

जब तीन तीन हों माधव ,तो अब उद्धव का करिहें,
अब तो बकस द बिलाड़, मुर्गा बांड़ हो के रहिहें ।

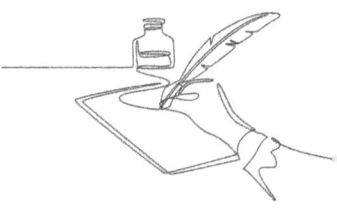

शेर या बन्दर ?

माना कि शेर में भी कुछ कमी है, तो क्या,
जंगल की हकुमत बंदर को देना सही है ।

बंदर दुखी है, शेर उसे भाव नहीं देता है,
जितना भी जंप मारे,वह बंदर ही रहता है ।

बंदरों ने अपने साथ गदहों को मिलाया है,
बगावत का झंडा आसमान पर लहराया है ।

झंडे पर अपने आराध्य उल्लू को सजाया है,
उल्लुओं ने भेड़ियों को आंखों पर बिठाया है ।

अब सबको बगावत में मोरनी की जरूरत थी,
क्योंकि उसकी लंबी चोंच नानी से मिलती थी ।

मोरनी के साथ साथ उसका मोरा भी आ गया,
जंगल की जमीन मोरा खोद कर खा गया ।

न्याय प्रिय भेड़िये का उल्लु सलाहकार है,
गदहा बोला मोरनी से, बंदर मेरा सरदार है ।

पत्ता पत्ता नोचना है, पूरे जंगल को बेचना है,
बागियों को सरे तख्त पर बंदर को बैठाना है ।

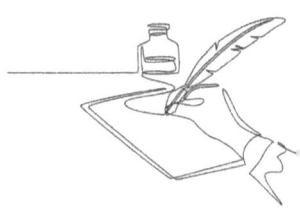

जहरीली हवा.

हवा कुछ ऐसी चली कि शजर के होश उडे
शाख पर शाख टूटे ,पत्ते भी बेशुमार झड़े,

आग ऐसी कि, तिनका तिनका जल उठा,
जीना हुआ मुहाल,सिक्के मौत के ऐसे चले ।

सोंचा था बहारें आऐंगी,गुलों का दौर आयेगा,
सितम देखा बहारों का, तो खिजां को भूल गये.

है हवाओं का कहर,या कि बागबां की साजिशें,
मौत की बाजीगरी में, कुछ नकाब भी उतर गये ।

बोलना कुछ चाहता है चमन से उठता धुआं,
आग अपनों से लगी, फिर हवाओं को क्या कहें ?

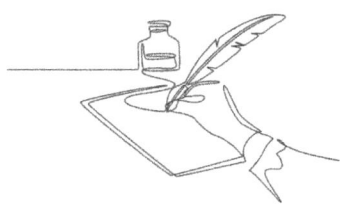

गजल

रातभर सोने की कोशिशें बेकार गई ,
भींगी आंखों की वर्जिशें बेकार गई ।

स्वप्न लहरें हृदय को छूकर लौट चलीं ,
मां की प्यार भरी लोरियां बेकार गईं ।

टूटने का दौर था ,पत्तों को टूटना ही था ,
वसंत को बुलाने की मिन्नतें बेकार गई ।

रौशनी की चाह में मिली अंधेरी रात थी ,
दिन को थाम लेने की हसरतें बेकार गई ।

आदमी के भ्रम में पत्थर को साधता रहा ,
इस निशानदेही में हजारों तीरें बेकार गई ।

हक क्या?मांगने से मिलती नहीं है भीख,
इस सत्य को जानने में नस्लें बेकार गई ।

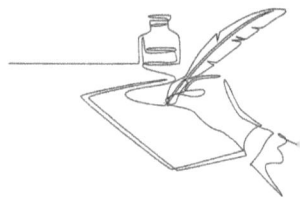

गजल

तुम्हारी यह अदा अच्छी लगी !
तुम्हारी साजिशें अच्छी लगी ।

पैमाने को होंठों से दूर कर दी,
तुम्हारी यह कृपा अच्छी लगी ।

इस मयकदे को उजाड़ने वाले ,
तुम्हारी मयकशी अच्छी लगी।

नाज है मुझको तेरी दोस्ती पर !
उससे तो दुश्मनी अच्छी लगी ।

जिस चमन में मेरा वजूद नहीं ,
उससे वीरानियां अच्छी लगी ।

स्वर्ग की उलझनें जानलेवा हैं ,
नरक की सादगी अच्छी लगी।

बेरंग मुक्ति से थक गया हूं देव,
जिंदगी कफस में अच्छी लगी ।

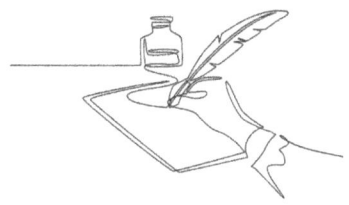

धूर्त ।

बुलबुल नहीं बाज निकले गुरु ।
तुम तो बड़े उस्ताद निकले गुरु ।

चेहरे पर मासूमियत ओढ़ कर ,
तुम तो धोखेबाज निकले गुरु ।

ईमान का चूरन   बेचते रहे हो तुम
पर तुम तो दगाबाज   निकले गुरु ।

संत का परचम   लगाये फिरते हो,
पर अव्वल चालबाज निकले गुरु ।

तुम तो हरिश्चंद्र के अवतार थे न?
परंतु घपलेबाज तुम निकले गुरु ।

हर जगह देवदूत बने घूमते हो ,
पर सही में यमराज निकले गुरु

आस थी कि गांठ खोले जाएंगे ,
पर तुम तो गिरहबाज निकले गुरु ।

धर्म का उद्धार करने तुम चले थे,
पर धर्म के धंधेबाज निकले गुरु ।

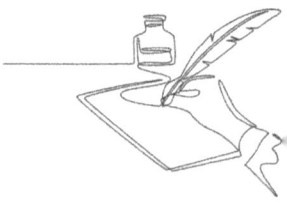

मेरी नर्क यात्रा ।
(व्यंग)

मरने के चौबीस घंटे के अंदर ,
यमदूतों ने मुझे नर्क में ठेल दिया ।
मेरे पापों का कच्चा चिट्ठा,
चित्रगुप्त जी ने बिना लाग-लपेट ,
सबके सामने खोल दिया ।

नर्क में पहले उल्टा लटका कर,
मेरी जम कर कुटाई हुई,
फिर लोहे के कड़ाह के ,
ईंजन छाप तेल में,
ब्राउन होने तक ,
मेरी ढंग से भुनाई हुईं ।

.... लेकिन मैं मरा नही।
यमदूतों से डरा नहीं ।
उनकी फिक्र कौन करता है?
मरा हुआ आदमी
भला दुबारा कहीं मरता है?

जबतक मैं धरती पर था तो ,
बहुत बड़ा कष्ट था,
कभी ईडी का छापा, तो कभी
सीबीआई से त्रस्त था ।

जैसा बोएगा लल्लू ,
वैसा ही तो फल पायेगा ।
घोटाले पर घोटाले करके ,
स्वर्ग कहां से पायेगा ।

स्वर्ग और नर्क में सिर्फ एक
चहारदीवारी का फर्क था ।
स्वर्ग में दिखा बहुत चहल-पहल,
लेकिन इधर का बेड़ा गर्क था ।

....लेकिन अंदर झांक कर देखा तो,
वहां बड़ा ही गड़बड़ माहौल था ,
स्वर्ग की हालत कुछ
ज्यादा ही डांवाडोल था ।

पंडित, मौलवी और पादरी
दरबानों को उल्लू बना गये ।
पु।य के फर्जी खाते दिखाकर,
बिना रोक-टोक स्वर्ग में समा गये ।

स्वर्ग में पंडित ने मंदिर बनवाया ,
मौलवी ने बनवाया मस्जिद ,
पादरी ने गिरजा बनवाया,
सबकी थी अपनी अपनी जिद ।

फिर धर्म का बखेड़ा शुरू हुआ ,
दंगा –फसाद हो गया ।
धर्म-कर्म की लड़ाई में स्वर्ग का
पूरा कबाड़ा हो गया ।

हालात देख मैंने सोचा –
स्वर्ग की यह हालत है तो
सबसे अच्छा नर्क है ,
आदमी – आदमी के बीच
नर्क में कहां फर्क है ?

श्याम ने रहमान को लूटा तो,
बलराम को कहां छोड़ा है ?
रहमान ने धनीराम को कूटा तो ,
एकराम को भी तोड़ा है ।
मार्शल ने मोहन को सोंटा तो,
माईकल को भी ठोंका है ।

स्वर्ग में है भेद-भाव ,
तो नर्क में , प्रेम है,भाईचारा है ।
स्वर्ग की हो ऐसी की तैसी ,
मुझे तो अपना नर्क ही प्यारा है ।

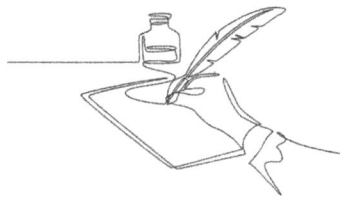

मैं अपना लट्ठ पकड़ के खड़ा हूं।
(व्यंग)

तुम जिसको चाहो रोक दो,
तुम जिसको चाहो ठोंक दो।
न तुम कभी सुधरने वाले हो,
नहीं मैं कभी सुधरने वाला हूं ।
तुम भांग पीकर के पड़े रहो,
मैं चिलम फूंक कर अड़ा हूं ।
मैं अपना लट्ठ पकड़ के खड़ा हूं ।

तुम झूठ बोलो,मैं तेरे साथ हूं,
किसी का भेद खोलो साथ हूं ,
तुम बात बदलो, हम साथ हैं ,
तुम बाप बदलो,हम साथ हैं ।
जैसे तुम थाली के बैंगन हो ,
मैं भी बिन पेंदी का घड़ा हूं ।
मैं अपना लट्ठ पकड़ के खड़ा हूं ।

पत्थर नहीं, पहाड़ बेच दो ,
गांव,गली,चौपाल बेच दो ,
बालू नहीं तुम नदी बेच दो,
पेड़ नहीं जंगल ही बेच दो ,
मैं खुद को खुद से बेच कर ,
तेरे पीछे, तेरे साथ खड़ा हूं ।
मैं अपना लट्ठ पकड़ के खड़ा हूं।

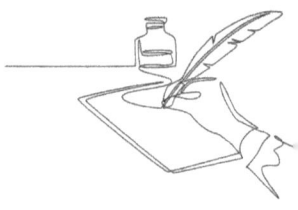

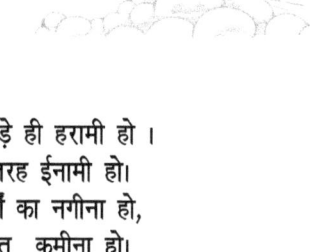

तुम नेता बड़े ही हरामी हो ।
गब्बर की तरह ईनामी हो।
धुर्तों में धुर्तों का नगीना हो,
तुम जन्मजात कमीना हो।
पर मैं हूं तेरे ही साथ साथ ,
और साथ साथ ही खड़ा हूं ।
      मैं अपना लट्ठ पकड़ के खड़ा हूं ।

www.ingramcontent.com/pod-product-compliance
Lightning Source LLC
LaVergne TN
LVHW061619070526
838199LV00078B/7342
9789367838570